人文武术精品书系

勿使前辈之遗珍失于我手
勿使国术之精神止于我身

百家
功夫

道家九宫八卦拳

杨树藩 著

北京科学技术出版社

图书在版编目（CIP）数据

道宗九宫八卦拳 / 杨树藩著 . — 北京 : 北京科学技术出版社，2019.9
（百家功夫丛书）

ISBN 978-7-5714-0389-8

Ⅰ . ①道… Ⅱ . ①杨… Ⅲ . ①八卦掌—基本知识 Ⅳ . ① G852.16

中国版本图书馆 CIP 数据核字（2019）第 137344 号

道宗九宫八卦拳

作　　者：杨树藩
策划编辑：胡志华
责任编辑：周　珊　吕　艳
责任校对：贾　荣
责任印制：张　良
封面设计：志　远
版式设计：胡志华
出 版 人：曾庆宇
出版发行：北京科学技术出版社
社　　址：北京西直门南大街 16 号
邮政编码：100035
电话传真：0086-10-66135495（总编室）
　　　　　0086-10-66113227（发行部）　0086-10-66161952（发行部传真）
电子信箱：bjkj@bjkjpress.com
网　　址：www.bkydw.cn
经　　销：新华书店
印　　刷：保定市中画美凯印刷有限公司
开　　本：710mm×1000mm　1/16
字　　数：244 千字
印　　张：18.25
插　　页：4
版　　次：2019 年 9 月第 1 版
印　　次：2019 年 9 月第 1 次印刷
ISBN 978-7-5714-0389-8/G·2925

定　　价：89.00 元

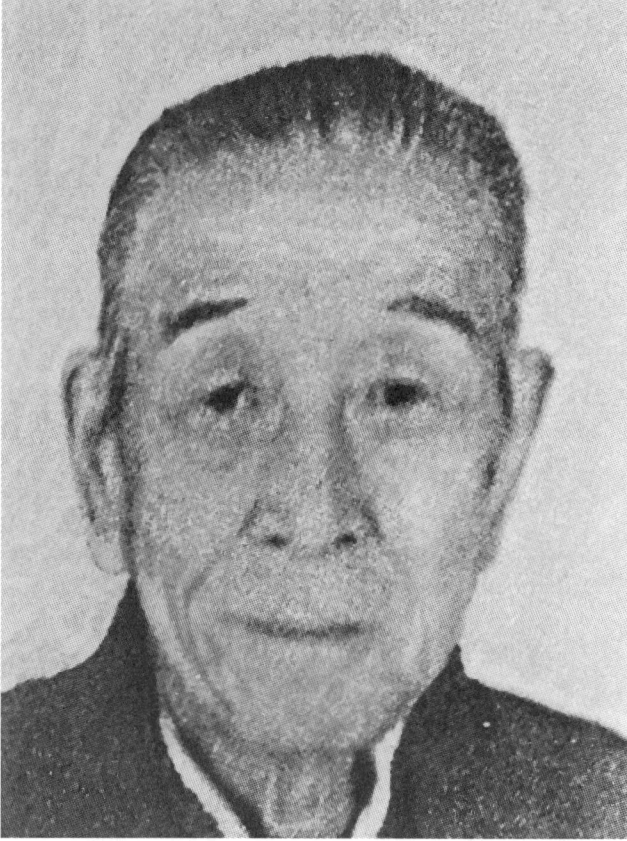

师父（伯父）杨子君

与徒王宝义
练功照

与徒余新伟

徒陈辉教与余新伟

与徒余小华

与徒娄斌（左）、王宝义（右）

徒文雪年（左）与余新伟

龍形大海對峽九天皆形象武術神妙之話也書法籲華而楊鐵藩先生著九宮八卦拳譜是

丁亥年夏日寰邨

法天則地
功奪造化

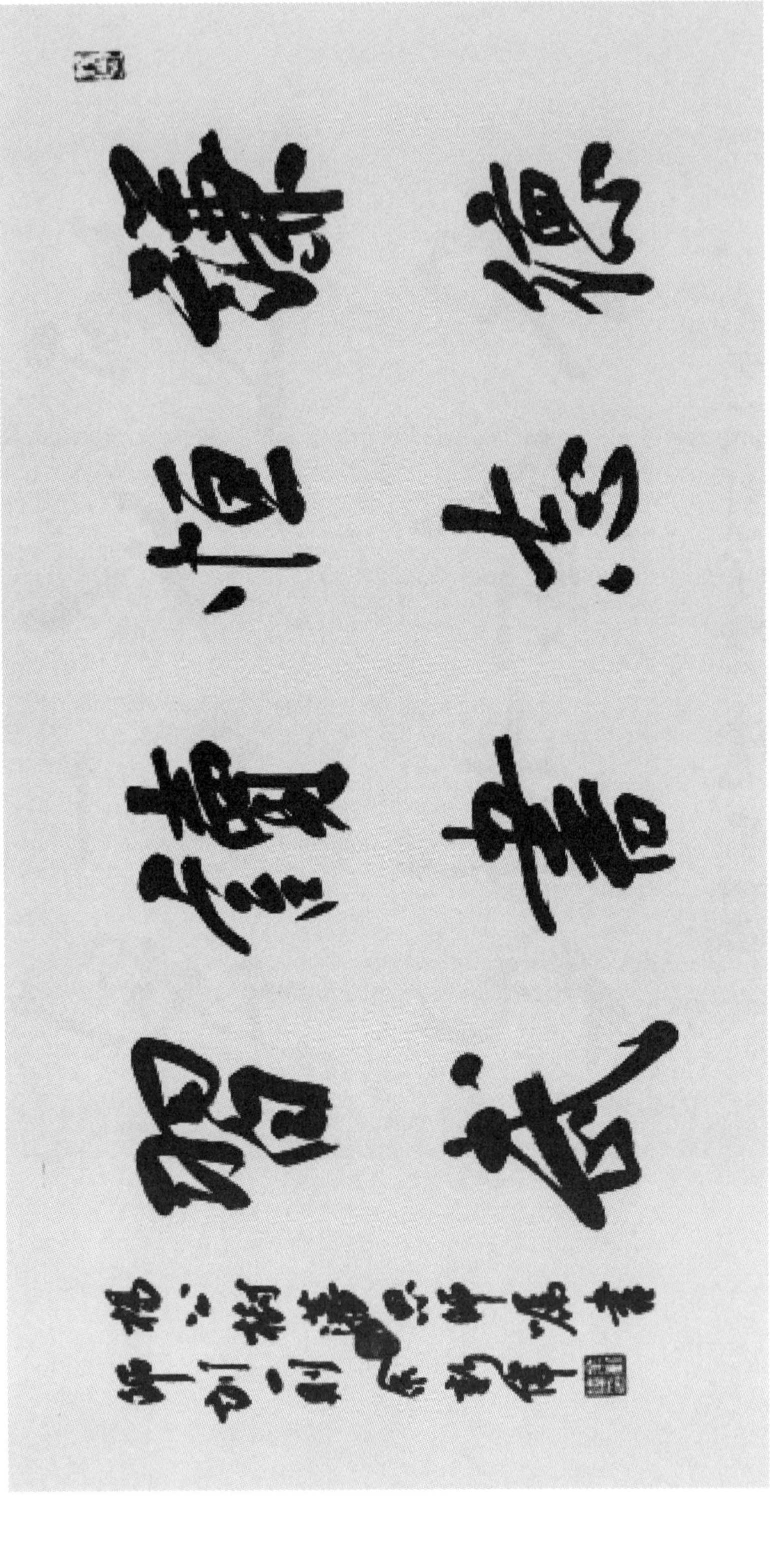

序

师云：拳学乃道家八卦门，武技为八卦带九宫，常称九宫八卦拳。

此拳真纯简朴，功法独到，古传无文字图谱，全凭师父身传口授。

前数代一直在道宗内传承，到我师时社会变革，又因师家境较优，没能从道，故此技落在杨家一百多年。

20世纪50年代后期，师父（伯父）令我将家传功夫整理成文，然而，"文革"期间文稿丢失。

在后来的数年里，凭自己的回忆，在操练与教学九宫八卦拳的同时，我逐渐理清原传，用文字规范了全部武技谱诀，并绘制图形及加配照片，分析研究了拳学与《易经》的关系。

近年又首创了乾坤棒功夫与空星刺谱，且系统地整理了道家秘授养生功法，进一步完善了九宫八卦拳年轻者防身、年老者养生的综合作用。

怀着感恩先祖先师的心情，献著当今。书者不敏，望有识之士海涵指正。书内有关知识由马春梅相助完成，又有徒众及朋友大力支持，在此表示衷心的感谢！

杨树藩于北京

甲午年 闰九月廿六日

2014 年 11 月 18 日

前　言

九宫八卦拳传承小记

以下是师父（伯父）在 1955 年春天告诉我的。

师爷姓段，中等身材，脸红润，有须髯，南方口音。修道者，喜云游，闻河北固安、霸州地界人善好施，且武风兴盛，故常来往之。

杨家与佛道有缘，并常接待僧人、道人，故段道爷时常到杨家，一是结交朋友，二是存心收徒传武，因为他看上了这家小少爷。

我师当年十二三岁，段道爷很喜欢孩童，与之玩耍时教些小拳，见其聪敏好学，有意收在身边。过了近半年，段道爷向家长开口：让这孩子跟我吧。师父家人并不介意。

在以后的三年多时间里，段道爷大约每年春、秋来此住上两个月教师父武技。那时的师父精神得很，个子长得又高，特别是武功方面，在段道爷精心传授下，八卦门拳技已然体用在身。

我师家有裱糊、漆画手艺，家境中等，没舍得让孩子从道。虽然段道爷没能带走爱徒，但是，在后来的几年里，还时常来家教授功夫。

段道爷当时年近七旬，身手、精力不一般，仿佛五十来岁的人。精拳学、剑学，随身佩带宝剑，云包内藏独门兵刃空星棒。

段道爷之拳技学自何方、师承何人，在 20 世纪 50 年代，因恐出事，我师有意隐去。但是，九宫八卦拳是道传武技，已然说得很清楚，并说师辈均晚年授徒。

段道爷云游四方到过何处，教过多少徒弟不详，师说，当年八卦拳师云集此地，但传承有别。因有晚辈忌讳问长辈大名字号的规矩，又因当年风气的影响，终不得知段道爷名号，令后辈倍感遗憾！

我有缘拜师时也是正当年少，当时好奇地问过师父，您的师爷也是老道吧？师父听后笑而不语。后来，师父讲明武学传承，前数代确在道门内秘授，后语按下没能告诉我，只为当年大环境使然。但此功夫传到民间，我师父是民间传承第一人。

师名杨子君，生于1894年，年轻时不操家艺，喜武技，练道传九宫八卦拳，习过大、小洪拳等功夫。常交友访技，后来游走江湖以杀富济贫为乐事。

听师说，凡到朋友家中见面，皆轻来轻去，从不打搅别人。进院是投石问路，然后撩衫跃入。对方应声屋内支窗。只倒茶功夫，已然挑扇儿进屋就座，并接杯而饮之。与友谈武切磋，功夫涉及太极、心意（形意）、八卦、通臂等拳学。

民国年间，师年轻力壮，身背二龙戏珠单刀，腰挎"盒子炮"，拉过队伍。抗战期间，打日本鬼子，追杀汉奸。后来被国民党军队收编过，时任某部团长，但时间不长。因其不愿受命与八路军对阵而抗拒军令，最后离开军队隐身务农……

中华人民共和国成立之后，师瞒了年龄到铁路系统参加工作，供职于北京某企业，人缘极好。虽然有人知道他武技高超，会蹿房越脊、飞檐走壁，但是他常常遮掩，也不收徒。

我少年时喜武术，托人求学，正好邻居一老者与师交往甚密，以言语激他，说有一姓杨的武家，功夫不在你之下，并告诉了他练功的秘密地点。时过数日，他这才在夜晚的昏暗中观我练武。过了月余，邻居老者和我转述说："老头儿看了你的拳技，并说功夫很好！我一高兴说秃噜了，告诉他：人家拳脚好，功课还好哪！这时他说：'怎么还是个孩子呐，那我得见见'，接着又说，'哪天让这学生来我家！'"

似乎是心有灵犀，当我来到老人家中，立在他面前时，他双手抚摸我肩膀，定睛凝神。二老数秒不语。而后师面显笑容，突然开口："我收你为徒！"我迅即退后跪下叩头，口喊："师父！"师说，这是缘分，都是杨姓，让我叫他大爷（伯父）。从此，我就叫二老大爷、大妈。师喜欢我，视我如子，后来师母告知家中隐情，我才了解二老生活之不易，但此事他们对外人从不言语，从此我孝敬他们如父母。

学拳开始了，说练八卦拳。但是，好长一段时间光是踢腿抻筋了，师天天盯着我，学习转掌更是紧盯。及至半年，加了一趟小绵掌，我很高兴。师见我练得起劲，跟我说："咱这是家传功夫，我全数教你！"我想八卦拳是不是有八趟呐，下功夫练吧！

记得在学练"缠身刀"时，我师异常兴奋，说喜欢操刀，当年用刀削小鬼子，只一刀就让他脑袋搬家，要是遇见汉奸，刀起头落！

师准备把他的二龙戏珠宝刀传给我，无奈此刀在20世纪50年代后期给毁了，无影无踪，遗憾之极啊！

拳学中的一个"探爪"，我转了三四年。我师紧盯，助长了我的练功毅力。随着时日的增加，"转功"的确使我身体灵活，足下有根。在与朋友戏斗时，人家出手我能自然躲避，我没有学什么"进着"，也不会下手，虽然不出拳脚，但无论身体何处触到对方，都能使其摔出。师得知此事后，评我练功得法，功夫已然在身。后来，师又传"盘飞"拳法。记得在一次转掌时，师突喊倒转！我随之停下说："没练过。"我当时真是琢磨不透！

接着，师口传身授此功，我这才知道有秘法。

学拳十余年，转掌只有二法，拳诀中有解：懂阴阳生成，得乾坤拳技。凡操手、拳路都依此变化，可谓"八卦拳打不完，悟化育转连环"。家传武技随年增进，拳学心法铭记在心。

20世纪60年代初师退休，60年代中后期突发"文革"，灾难来临！几乎是一夜间，找不到师了。我伤心不已，工余只是抻抻筋骨，数年下来功夫几近荒疏。

特殊时期，武学传承不易！20世纪50年代中华人民共和国刚刚成立，一切"旧"的东西，人们不敢轻易上口，更不敢显示，何况八卦拳！要是谁把你拉到"会道门"就危险了。回想本门拳学是道传武技，其功属派系源头师父内心自然清晰，只是不敢开口，我虽年少也是明白的。

而后的20世纪六七十年代，"运动"不断，特别是"文革"时期。道传武技，功夫单传不足为怪，我有幸得家传并遵师传承，在80年代之后，虽常有登门求学之人或武者造访，但我不轻易收徒，只列为学生或学员。

师父与我有缘，师父思子爱子之慈心倾注我身，收我为徒正应"师辈晚年授徒"之规矩。还记得50年代后期，我跟师父说，我教了同学练拳。师随即训诫我："你还想教人，你到60岁还差不多！"这说明传承的规矩很严格。

师父还透露了道门武技传承的隐秘。前来拜师者，师父要考验两年，有引荐者年份可短些，但必须有顶门立户、光大门庭、正大光明、尊师爱友、继承师传之德，才可拜师递帖。如是师乃放心，竭诚相授武技与武学。

亦有仰慕师父之人闻名前来学习武技或应时健身方法，师视其心力酌情教学，相互称呼随意。

原传道门武技，历代收徒均为二人，师不在道门，且年代不同，师与我有缘才独收我为徒。使此技得以在民间传承。

传学意识随社会变化，我已超越收徒之规，早期有北京王宝义，后收江苏无锡余新伟、广东佛山陈辉教、北京余小华、北京娄斌、北京释昌轮（文雪年）为徒。北京释昌轮（文雪年）为佛家人，来往较少。

再传较多，北京王宝义传徒：王一丁、苏胜阳、郑泽华、李敬元（女）、李隆基、张昊喆。

北京娄斌传徒：陈家盈、刘庆、曾文扬、张乃琛、郑亦斌、黄悦、黄星富、张伟、李向东（女）；吴佑祯、吴炎臻、陈家弘；吕定杰、张金宝、贾鲲；蔡永敬（女）；李云海、汪楠、孙晨。

徒分布：北京、山东、广西、黑龙江、江西、河北、台湾。

随我从学多年之学生较优者有北京中医刘路遥，还有勤学者多人。

杨树藩于北京

2019 年 3 月 29 日

目　录

第一章　武学文化

谱诀要旨

拜师入门，须先由师父考验数月，或者须友人引荐方可，徒者叩礼并递上拜师帖双册，由师、徒签字、盖章生效，各存一册。

最后，徒奉银百元，以志"百缘"，此吉利也。

师 训

谦 恭礼尊让，和言生益。

德 仁义宽厚，忠诚善良。

恒 刚柔相济，持久道长。

志 主心成事，鸿图有为。

读 诵阅识辨，去伪存真。

书 藏珍纳宝，孕育智勇。

习 神韵鹤舞，修身炼用。

武 操拳会友，传承技艺。

谱于戊子年三月十六日（2008 年 4 月 21 日）

练用谱诀

师父传技，并授意我将古技谱就。为了便于传承并提升武学文化，我用心添谱，使谱诀与功夫相合。当年师父看过并加以肯定。

在后来的数年里，我通过教学又不断完善该谱，新的谱诀为顺口编排，学习者只要按本门功夫顺序学练，就能悟到真传。

- 八卦拳打不完，悟化育转连环。

- 踢腿抻筋桩功先，转圈操手经常练，拆着变式成套路，秘授真功有缘传。

- 一思起，百骸动，龙形蛇体法自生。

  肘向地，轴身旋，前掌探爪口鼻间。

  云赶月，势追风，转腰带腿弧步成。

  九宫令，周身拳，攻防技艺刚柔现。

- 轴动身起转八方，七星相助攻有防，十字技战进中门，劲势齐发难抵挡。

- 汝横吾竖，进着不怵。

- 心着月：心暇神安，气顺胸空，呼吸有法，丹田存真。生聪敏，有随机应变预察机宜之能。

  臂落月：肩松臂曲，肘自然沉垂，筋骨伸缩自如。从而力富、力厚、力凑，劲势连绵不断。

  掌含月：手指圈五雷聚，刚柔随心，有透穴封脉抓筋剔骨之功。

  腿弓月：弓中有直，每见鹞燕之精灵，气力鼓荡周身。膝挺腰撑，着数起落舒展应势。

  足扣月：桩步力纯，落地生根。能把握进退分寸，且有占位夺阵之能。

- 道门盘技歌：天盘松，地盘定，人盘控。人盘一拧动，地盘荡旋行，天盘雷雨风。

- 懂阴阳生成，得乾坤拳技。

九宫八卦拳总歌

顺项提顶　沉肘松肩　舌自抵腭　心息自然　顶膝随踵　缩身背圆

塌腰活胯　拧转行盘　腰脊为轴　摇闪滚翻　足趾抓地　手心空含

争裹旋钻　滑贴卷舔　踢趟扫挂　推削掖穿　锛蹶蹬踏　劈抱撞弹

占中夺位　巧进破线　阴阳得法　气运丹田　九宫变换　八卦连环

学拳识易

道宗九宫八卦拳，近代在民间传承，属内功拳，拳学富含阴阳变化之易理。今科学论述，让学者明了要义，以便练功习拳。

有关太极、八卦、河图、洛书，古籍专著众多，内容中均有伏羲"近取诸身，远取诸物，于是始作八卦"之说；又有"河出图，洛出书，圣人则之"等说法。

从古人留下来的丰富图像以及口耳相承、广为流传的瑰丽内容来看，它展示了我国古代先贤的智慧与伟大创举。就图像而言，它是建立在古天文学、古气象学以及相关地理知识的基础之上的，经过数代的发展，被应用在诸多领域。

我们还是看图说话，按着太极、八卦、河图、洛书的书面顺序一一写来，不涉及学术争论，为的是从中了解学习易学的基本知识。

太极境界

两条圆抱并相吻的"阴阳鱼"图形，人们习惯叫它太极图，实际上它是由阴阳变生的八卦构成的。古人云："易有太极，是生两仪，两仪生四象，四象生八卦"。（太极图）

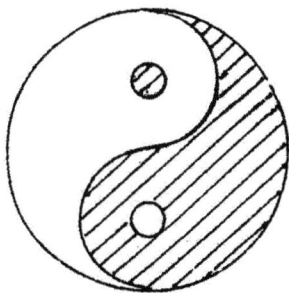

太极图

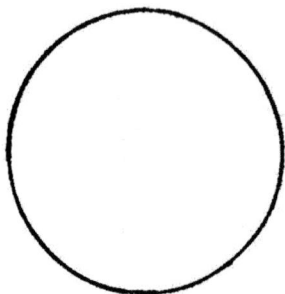

这个圆而中空的图，古人称之为混沌（hùn dùn），中间是空的表象，就是人们想象的"无"，也就是讲：地球上人类没有出现以前的状况。所谓混沌示意图，表示的是一个无端无始且循环不已、含静育动的状态。实际上是指地球和其他宇宙间天体不停地互相绕转的运动状况。

混沌示意图

同时，它也象征着在空间上无边无际、在时间上无始无终的宇宙。（混沌示意图）

这个圆在不断地运动和变化，逐渐形成了具有一定大小和形状的星球。如地球；它经过四十六亿年的演化，逐渐演化出生命的原始物质（微小物质），人们想象它们从圆心孕育而出，最后人类出现并在地球上生存。这就是由无生有的太极境界。

这里简单说说地球上生物的出现。首先是植物，植物的光合作用制造出氧气，它改造了大气层，之后才有动物出现。当时最早的动物是单细胞的，生活在水中，这是因为还未形成臭氧层。经过不断的进化，一些动物从水中爬到陆地上。这说明臭氧层形成了，它大量地吸收紫外线，从而使动物体不再受到紫外线的伤害。在若干亿年之后，人类出现并在地球上生存。

八卦生成

1. 两仪含义

古人最初认识大自然，观察到的是日、月、星、水、火、雷、雨、风等自然现象，并见到每天有日出日落和月现月没的现

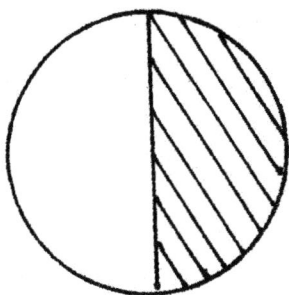
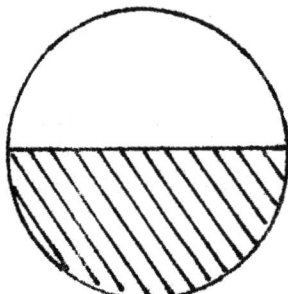

两仪 1 图　　　　　　　两仪 2 图

象，以及寒来暑往的时光转换。这是因为日、月离地球最近，看得最清楚，影响也最大。（两仪 1 图、两仪 2 图）

慢慢地从观察到了解，人们知道了这些天然物象的相互作用和变化规律，以及对人类的影响，这时，古天文学产生。古人巧妙地把寓意太极的圆划分为阴阳两部分，以此来表示白天黑夜或暑热寒冷，这就是感性认识。

这里画有四幅不同的阴阳图形。我国汉字的"易"字正如其图，从日为阳，从月为阴，而易经的起源就是研究日、月运行规律。

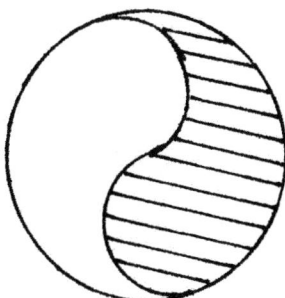

两仪 3 图

从图形的形状来看，"阳"所处的位置，两个图画在左侧（两仪 1 图、两仪 3 图），两个图画在上面（两仪 2 图、两仪 4 图），这其中两个图的中线画成弯曲的（两仪 3 图、两仪 4 图）。表示一年中昼夜长短和气温高低逐渐变化的现象。

我国古人大多生活在黄河流域及中原地区，也就是现代地理的北回归线以北的北温带地区，这里气候适宜，四季分明。

人们每天见到太阳升起挂在天上，且太

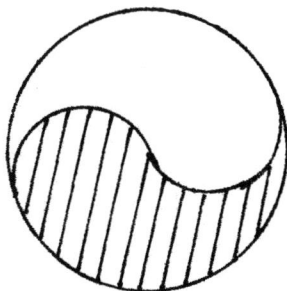

两仪 4 图

阳最高的时刻都位于当地的正南天空，所以古人当时以太阳作为确定方向的依据，定为上南下北。左东为阳，表示太阳升起（昼），右西为阴，表示太阳落下（夜）。这种方向定位现在人们还在沿用，如建造房屋多坐北朝南，练功的站桩和打拳都是面向南方或者东方，连植物都是向阳而旺盛地生长着，很显然是为了更多地获得太阳的光和热。

上面的四幅两仪图形，赋予了天在上、地在下、中间曲线为人的意境。

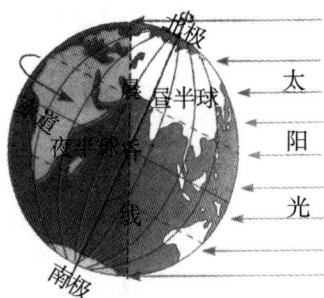

晨昏线图

前面画出了一分为二的具有阴阳的两仪图（平面图），图形中间的线条也可理解为白昼和黑夜的分界线，即现代地理学讲的晨昏线（晨昏线图），它表示夜半球和昼半球，如同古人画的阴阳图像。晨昏线成曲线形状是表示某地（黄河中下游地区）昼夜长短的周年变化现象。

2. 四象八卦

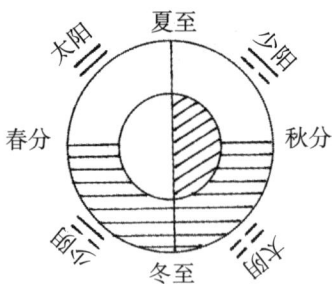

四象八卦 1 图

将前面两个中线为直线的图形套画成这样的新图（四象八卦 1 图），就是以气温的周年变化来表示四季。

需要说明的是，我国古人是以地球为中心的，认为太阳和月亮围绕着地球转，根据太阳在天空中的周年变化规律，还有一年中春夏秋冬四季的变化，总结出这个阴阳图。

按阴阳生变之理，又配画了一方图。这样就有了两个关联的四象图形（四象八卦 2 图）。

太阴	少阳	少阴	太阳
阴		阳	
太		极	

四象八卦 2 图

圆图上用符号"—"表示阳，符号"--"表示阴，以两爻的形式表现出少阴、太阳、少阳、太阴。看的方法是从内向外看，看方图要从下向上看。可以看到，它们所组成的阴阳多少是对应的，一分为二的表现很清晰。

我们把图形再加一层（四象八卦 3 图），新的方图一分为二，层层

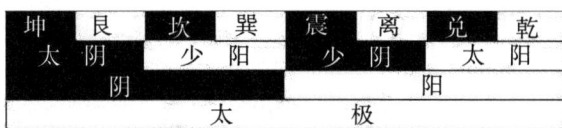

坤	艮	坎	巽	震	离	兑	乾
太阴		少阳		少阴		太阳	
阴				阳			
太				极			

四象八卦 3 图

清晰，先天八卦自然生成。方图从下向上看，每上一层都是成倍数增长，而且总是阴阳成对地生成（二进制）。看方图从两边向中心，左右每段卦象的阴阳是对应的。

下面看看方图的变化：

阴卦翻转下沉，太极隐为交角点。

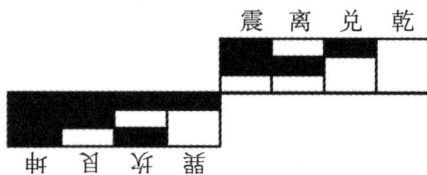

将上图逆时针竖起，阳卦在上，阴卦在下，准备圈圆。

形成了先天八卦圆图，隐为太极的交角点成了圆心点。

圆图是三环套叠的，以阴阳对角相应的形式

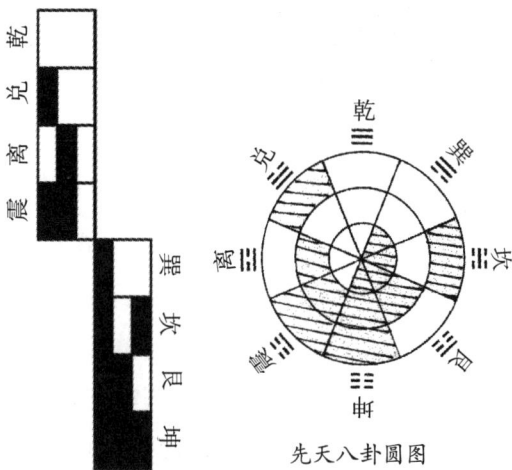

先天八卦圆图

出现，它从内向外画三爻成卦（先天八卦圆图）。方图和圆图的卦象是一样的，只是表示的方式不同而已。

看圆图，结合方图看，从"阳"形成的乾、兑、离、震四卦为逆时针排列，震至巽卦直线相连，从巽卦起则顺时针走向，为"阴"的部分，顺序是巽、坎、艮、坤四卦，阴阳卦序正好形成一个"S"线（阴阳卦序S线图）。

阴阳卦序S线图

八卦配八节气图

圆的中心点是太极。

所谓天圆地方，是观察天文的一种方法，因为天体是运动不息的，故而曰圆，而方则是以地平面之固定不移为对照标准。古人以天地定位画就的先天八卦图，仍然是以体现气候变化为目的，阴阳消长就表示气温变化和昼夜长短的变化。

它有四正四隅之方向，是为了生产和生活的需要。

因为先天八卦是由阴阳变生的，所以它的属性和动的形式应该是：乾属阳为天，主动；坤属阴谓地，主静；离属火，主急；坎属水，主缓；震属雷，主刚；兑属泽，主柔；巽属风，主外；艮属山，主内。圆图的中心点意为九宫（中宫），象征无极、太极。

这个圆图外还标出了一年中的八个主要节气——立春、春分、立夏、夏至、立秋、秋分、立冬、冬至，将气温升降自然地分配在圆图上（八卦配八节气图），显示了寒来暑往的气候现象，而且寒暑之间的气温变化都是渐变的，由立春到夏至是白昼（阳）从短变到最长，由立秋到冬至是白昼从长变到最短，黑夜（阴）的变化与白昼的变化相反。它有时序、有空间方位的概念与古人所画的以天地定位的先天八卦图一样，说明先天八卦源于自然又高于自然。

将上面的先天八卦圆图分割成八份，中心展为外圈，外圈翻向中心，并以平滑曲线勾画出阴阳分界线，就出现了一个新图，读者可清晰辨认出画卦符号和文字，变成了从外向内看的形式。（八卦向心图）

这样大家就清楚了被称为太极的简朴图形，是由八卦变化而来的。它是阴阳的统一体，即对立统一。

再以图案画的形式画出标准的弯曲渐变头尾交接的阴阳鱼图形，并使阳中有阴的"离"卦在上，阴中有阳的"坎"卦在下，就更加完美了。（太极图）

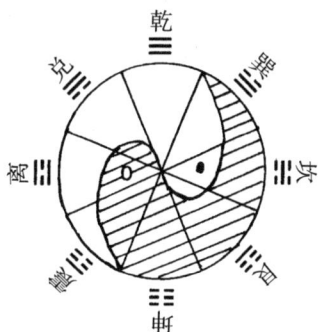

八卦向心图

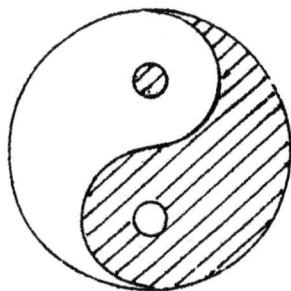

太极图

需要指出的是，我们画太极图，一定要按照这个图形所示的阴阳来做，并且还要注意"阴阳鱼"的大小头，因为这是古人的思维，所示方向应是上南、下北、左东、右西。先天八卦图是根本，现实意义深长。

按太极成图的理念，那么全球太极图总共有三种情况。我国在北半球，绝大部分地处北回归线以北地区，北半球有昼夜长短的年变化。大部分地区中午时

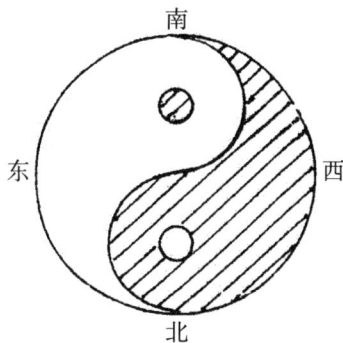

北半球太极图

分太阳在南方天空。古人确定方向是上南下北，左东右西。（北半球太极图）

南半球也有昼夜长短的年变化。大部分地区中午时分太阳在北方天空。南半球确定方向是上北下南，左西右东。（南半球太极图）

赤道上是全年昼夜平分。没有昼夜长短的年变化，方位同南半球。方向是上北下南，左西右东。（赤道太极图）

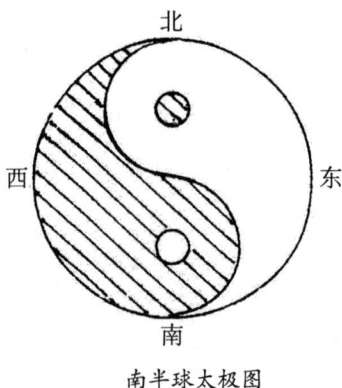

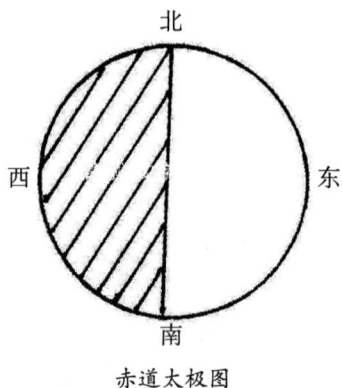

南半球太极图　　　　　　　赤道太极图

近代由于科技的发展，发现地球是个球体，有北极和南极，又制定了地球的平面坐标系统——经线和经度、纬线和纬度，根据这些确定方向，就是上北下南，左西右东，看起来和我国古人（明代前）定的图向相反，但所指方位是一致的。

现代制定的春、夏、秋、冬是根据：太阳是恒星，地球这颗行星自西向东自转的同时，还要围绕太阳自西向东公转。因存在黄赤交角（23°26′）（黄赤交角图），昼夜的长短和正午太阳高度角在一年中是有规律地变化的，从而使每个地方在一年中得到太阳光热的多少也在有规律地变化。如夏至昼最长，冬至夜最长，春分和秋分昼夜平分。

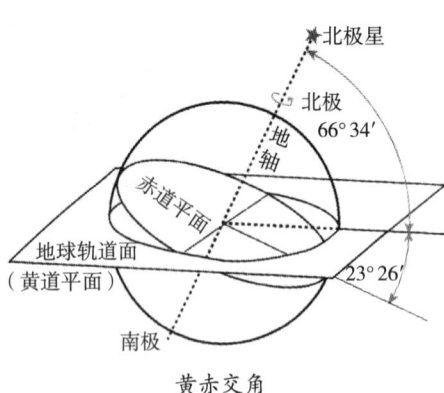

黄赤交角

后天八卦

1．五行概念

河图的四侧及中央，此五方为五行星所在之位，是古天象图。这里的五行就是指人们能够看到的围绕太阳运动的五颗行星。

太阳是距离地球最近的一颗恒星，它是由炽热的气体组成并能自己发光的球状天体，其主要化学组成是氢和氦，由四个氢原子核聚变为一个氦原子核，同时释放出巨大的能量，并向外辐射。

行星是指围绕恒星运动的天体，自己不能发光，我们看到的行星的亮光，都是它反射的其他天体的光。

围绕太阳运动的有八大行星，离太阳由近及远的次序是：水星、金星、地球、火星、木星、土星、天王星、海王星，其中我们能够看到的只有水星、金星、火星、木星、土星，所以古人以这五颗行星在天空中出现的方位，定为河图、洛书中的四正方与中央之方位。

用五行的概念对应到地球上，是指自然形成的并为人类所利用的五类自然资源，五行以此为用，并用不同质的金、木、水、火、土来表示，它的排列方式有三种：

按地理环境的概念（以人类为中心的周围的境况）排列为：木、火、土、金、水，以生物为先，人是第一要素。

按自然界的演化规律排列为：火、土、金、水、木。以火为先，万物生长离不开太阳。

按后天八卦顺序排列为：金、水、木、火、土。后天八卦顺序亦为按五行相生排列。

古人的五行学说，具有朴素的唯物主义观点。古人观察自然，把天上的五颗行星与地球上的五大自然资源相联系，根据五大自然资源之间

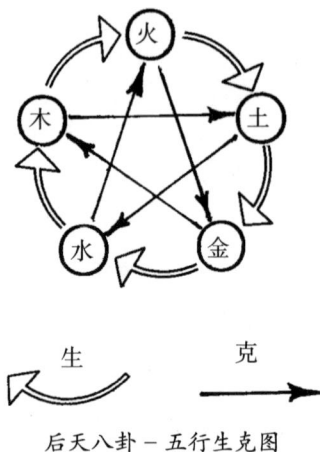

后天八卦－五行生克图

的相互制约关系，将八卦之间的相对稳定和平衡的关系，归纳为"生与克"。（后天八卦—五行生克图）

用现代科学解释五行，它代表了地球上的五大资源：金代表矿产资源（主要指金属矿产），水代表水资源，木代表生物资源，火代表气候资源（主要指太阳热能），土代表土地资源。它们之间是相互联系、相互制约、相互影响的。它准确形象地反映了事物的生与被生、克与被克的相互关系，这就是哲学中的对立统一。

下面依次解释五行相生的原理。

金生水：太阳系中，地球是环绕太阳运行的一颗行星，有46亿年的演化史，原来地球上没有水，由于原始地球体积收缩和内部放射性元素（矿产资源）衰变产生热量，使地球内部温度逐渐升高，并不断产生水汽，这些水汽通过火山活动等形式逸出地表，逐渐冷却、凝结形成水。汇聚到地表低洼地带，形成了原始的海洋。同时，地下的岩浆活动析出多种矿产，其中氢氧结合形成岩浆水。地表的水受太阳热能作用，由液态蒸发为气态进入大气，大气中的水汽遇冷又凝结为液态（雨）或固态（雪、雹）降到地表，形成了水的三态变化。

水生木：由于地球与太阳的距离适中，所以有适于地球表面生命活动和发展的温度条件，且适合液态水存在，地球上最初的单细胞生命就出现在海洋中。地表生物的出现，首先是植物，植物的光合作用制造出氧气，改造了大气圈，之后才有动物出现，这是因为臭氧层形成了。臭氧层可以吸收大量的紫外线，使动物不受其伤害，后来，动物从水中爬到陆地上生活繁衍，最后出现了人类。

木生火：生物在其新陈代谢过程中，把太阳能转换为化学能储存在体内，因此，在燃烧生物体或者由生物体经过漫长而复杂的物理和化学变化形成的煤和石油时，化学能又转换为热能，即原来的太阳热能。

火生土：地球的内外力作用形成了各种岩石，坚硬的岩石经过地壳运动，从地下出露地表，首先受太阳热能作用，热胀冷缩发生崩解，由大块变小块，小块变沙子，沙子变黏土，再加其他外力作用，使岩石风化形成土壤。

土生金：岩石是成土母质，矿产资源是在岩石形成过程中，有用元素富集而形成，且须达到生产、生活利用要求。矿产多埋藏在地下及山脉岩石中。

五行相克——

金开木：在一般情况下，多指金属制工具，其硬度大于木类，可以切割属木之物。

木植土：植物扎根土壤中，吸收其中的营养物质。

土堵水：常说的"水来土挡"。

水灭火：用水熄灭常规之火。

火炼金：在高温中火可以熔炼金属。

五行在失调状态下，相生、相克及生克制化关系在异常状态下发生了变化，于是就产生了母子相及、相乘和相侮（wǔ）关系。

（1）母子相及：是五行之间正常的相生关系遭到破坏后所产生的异常变化。

如：金生水，肺五行属金，肾属水，肺有病会影响到肾，此属母及于子，这叫母病子愁。而肾有病对肺不利，此属子及于母，这叫子病母忧。

（2）相乘：是指相克太过，顺序和方向与相克一致。

如：木克土，木处于正常水平而土不足时，两者失去了原来的平衡状态，则木乘土之虚而克之。或者，土本身处于正常水平，但由于木过度元盛，出现了木亢乘土的现象。

（3）相侮：是指反向的相克，又叫"反克"或者"反侮"。其顺序和方向与相克相反。

如：金、木两行，斧子劈坚硬的木头，木头没有发生什么变化，反而斧子锛了刃口。

据五行的类属关系，将自然界的事物与人体之间相互感应、息息相通的内在联系列图（五行类属关系图）以示。

自　然　界					五行	人　　体				
五色	五味	五气	五季	五方		五脏	五腑	五体	五官	五志
青	酸	风	春	东	木	肝	胆	筋	目	怒
赤	苦	暑	夏	南	火	心	小肠	脉	舌	喜
黄	甘	湿	长夏	中	土	脾	胃	肉	口	思
白	辛	燥	秋	西	金	肺	大肠	皮	鼻	忧
黑	咸	寒	冬	北	水	肾	膀胱	骨	耳	恐

五行类属关系图

2．八卦五行图

用五行相生相克理论来说明阴阳的生化功能，因此推出了后天八卦图，即变先天之体为后天之用，将"对待之易"推导为"流行之易"。后天八卦图与五行对应，则为八卦五行图。

它顺应自然环行，从东方震卦起，至艮卦而静（震、巽、离、坤、兑、乾、坎、艮）。

离火为阳，上升为天用，象征炎热在南方。

坎水为阴，下降为地用，象征寒冷在北方，这两卦乃阴阳之性命，为阴阳相交之盛期，所以配画在子午线上。象征太阳在天空（上），水在地里（下）。（八卦五行图）

震为东方，阳气刚升是朝阳初生的地方，此时在一定条

八卦五行图

件下，大气的运动以及云层的水（小水滴、小冰晶）互相摩擦所形成的大量的正负电荷就会造成闪电和打雷。

兑为西方，虽然有一阴在上，但此时正是秋收丰盛之节，五行是金，所以说夕阳无限好。

巽在东南方，时值春夏，这时的气候会有东南风出现，故称此地为风的门户。

艮在东北方，近坎水，有阳出水而成山，这就是地壳运动升高的结果，即海陆变迁，沧海桑田。

后天八卦把象征天地的阴阳之根本乾、坤移到了西侧，偏位独地不交。乾卦阳金近水排在了西北，正是周代崛起的地方，坤卦阴土落在西南而近火，意味着万物生长茂盛。因此，人们习惯将后天八卦，按乾、坎、艮、震、巽、离、坤、兑的顺序排列（周文王所为）。图形所成，与生物的生长发育吻合，一是太阳提供的光、热资源，二是液态水。

3. 河图洛书

人们认识事物都是由感性认识上升到理性认识，河图洛书是用数的方式表示阴阳消长的规律，就是把《易经》的相对感性的认识上升到更为理性的认识，可称为数理之祖。

请看我国古人画布的 10×10 的行列方阵，所得数之和 100 定为天地全数。

图示是用斜线从中分界，使之成为两部分，这样，就有了河图数 55（白点），洛书数 45（黑点），如图所示。（河图洛书示意图）

单纯来看，此图的横、纵边都是

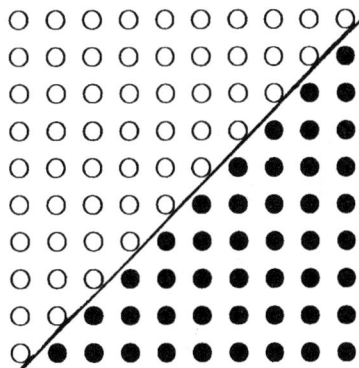

河图洛书示意图

十个点，若把十个点相连画一直线，此时就显示了十点九位的一直线图，从而形象地表示了河图以生为体，点数为1~10，洛书以克为用，即两数之间的实段，是从1~9的形式。

1 2 3 4 5 6 7 8 9 10

河图洛书体用示意图

（河图洛书体用示意图）

下面的河图和洛书图形，从其方位及数字的配置来看，表明了阴阳及五行的规范。

河图，把一至十的十个数排成圆形，其中把天地数中一、二、三、四、五分别代表：水（北）、火（南）、木（东）、金（西）、土（中）五行及五个方位。

一至五为孤阳、孤阴，不起变化，所以叫生数。

五行非土不成，自五加一始能起生化作用。

歌曰：

天一生水，地六成之；

地二生火，天七成之；

天三生木，地八成之；

地四生金，天九成之；

天五生土，地十成之。

一六在北，二七居南，三八居东，四九居西，五十居中。

六、七、八、九、十为五行的成数。

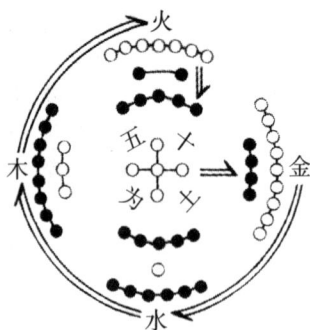

河图圆图配五行图

河图为体，数有生、成，图有箭头指旋，为五行相生，所谓土生万物就是以中央太极之气数来获得生机。（河图圆图配五行图）

河图就是星图，是人在地上观看天上的五颗行星，有空间方位和时间的概念。水星（一阳）、火星（二阴）、木星（三阳）、金星（四阴）、土星（中五阳），其定义如下（河图方图配五行图）。

（1）水星。农历十一月冬至前，此星见于北方，正值冬气交令时节，万物蛰伏，地面只见冰雪和水，这就是水星的概念。因农历十一月、六月黄昏时可见，故曰一六合水，或天一生水，地六成之。

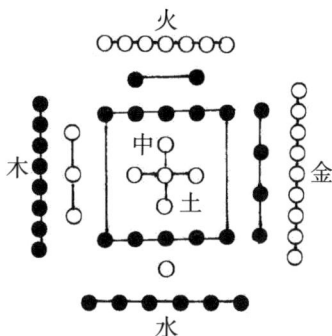

河图方图配五行图

（2）火星。农历七月夏至后，此星见于南方，这时正当夏气交令，地面一片炎热，这就是火星的概念。因农历二月、七月黄昏时可见，故曰二七合火，或地二生火，天七成之。

（3）木星。农历三月春分，此星见于东方，这时为春气交令，草木萌芽生长，以此现象定为木星的概念。因农历三月、八月黄昏时可见，故曰三八合木，或天三生木，地八成之。

（4）金星。农历九月秋分，此星见于西方，时值杀伐之气当令，万物老成凋谢，这就是金星的概念。因农历四月、九月黄昏时可见，故曰四九合金，或地四生金，天九成之。

（5）土星。时值长夏，此星见于中天，湿土之气当令，而木火金水四星皆以此为中点，且四时气候的变化皆是从地面上观测出来的，故定义为土星。因农历五月、十月黄昏时可见，故曰天五生土，地十成之。

每星各行 72 天，五星转周天 360° 为一年。洛书，它是以四正五方排列的，两数间阴阳相邻。（洛书配五行图）

洛书为用，实数为九，五位中央，有太极之意，余者周布八方。按照四正为奇（阳）的纵横向排列，四隅为偶（阴）的斜角排列，形成了一个方位图。

它的排列无论纵、横、斜哪个方向

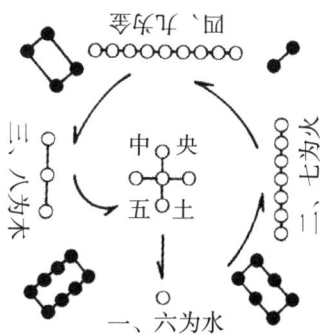

洛书配五行图

三个数字之和均为 15，而且每个方向上各数之平方和依然可以相等。

图中实线箭头表示五行相克。

如果，九宫图按三阶行列式的方法计算，可以得到周天数 360，它表现了阴阳相配平衡、五行和谐的关系。（九宫数及代码图）

请看下面的图表。

三阶行列式：

a1b2c3+a2b3c1+a3b1c2−

a1b3c2−a2b1c3−a3b2c1=

数字代入：

4×5×6+3×1×2+8×9×

7−4×1×7−3×9×6−

8×5×2=360

展开图如下：

4 （a1）	9 （b1）	2 （c1）
3 （a2）	5 （b2）	7 （c2）
8 （a3）	1 （b3）	6 （c3）

九宫数及代码图

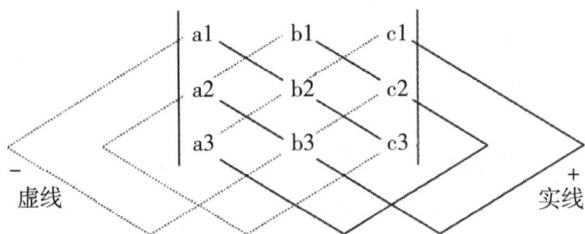

三阶行列式

实线上三数的积取正号　　+a1b2c3+a2b3c1+a3b1c2

虚线上三数的积取负号　　−a1b3c2−a2b1c3−a3b2c1

=a1b2c3+a2b3c1+a3b1c2−a1b3c2−a2b1c3−a3b2c1

数字代入所得 360，正是周天之数。

万字符号：请看洛书九数，如果添加数间连线，第一图：4+9+5+1+6=25，得一曲臂线，2+7+5+3+8=25，又得一曲臂线，25+25=50，两曲臂交中

五而成逆时针"卍"字。（逆时针万字符图）

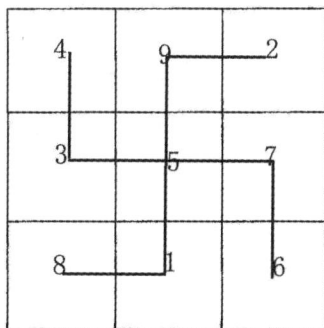

第二图：4+3+5+7+6=25，得一曲臂线，2+9+5+1+8=25，又得一曲臂线，25+25=50，两曲臂交中五而成顺时针"卐"字。（顺时针万字符图）

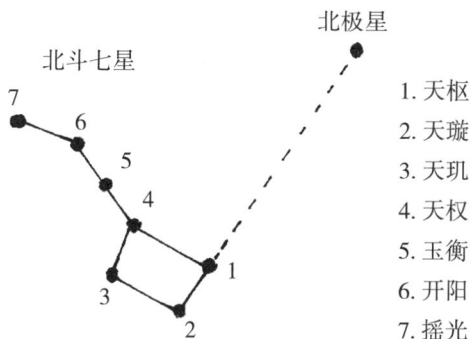

两个图数 50+50=100，此乃天地之全数，含河图与洛书之数理。

上两图体现了洛书的平衡性、旋转性和运动性特征，象天、象地，亦体现了天地万物的生生不息与运转变化的规律。

万字符是古人观察北斗七星的斗柄围绕北极星旋转的天文现象总结出来的规律，并用图像来表达，请看下面的解释。

在北半球，人们辨别方向时，首先找北，晚上通过北斗七星（北斗七星图）来确定北极星的位置。这是因为这几颗星很亮，所在的位置显著（大熊星座），且附近没有别的亮星与它争辉。

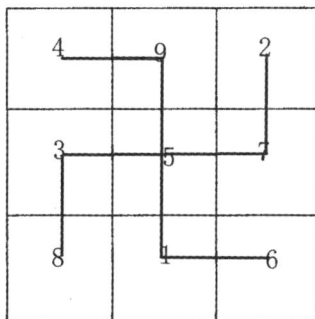

逆时针万字符图

顺时针万字符图

北极星

北斗七星

1. 天枢
2. 天璇
3. 天玑
4. 天权
5. 玉衡
6. 开阳
7. 摇光

北斗七星图

方法是：沿斗边的两颗星（指极星 1. 天枢和 2. 天璇），连线向斗口外延伸约 5 倍距离，就很容易找到北极星。谚云："识得北斗，天下好走。"

这里还画了一幅假想的天球示意图，就是以观测者为中心，以任意长为半径所作的圆球，由天赤道分为南北两部分，其中还标出了与地球自转轴延长和天球相交的两个天极，即天北极在地球北极的上方，天南极在地球南极的上方，天北极就是北极星的位置。（天球图）

由于大熊星座离天北极近，斗转星移，北斗七星不断地改变位置，我国古时有"斗柄授时"说，即以黄昏时斗柄的指向来定季节："斗柄指东，天下皆春；斗柄指南，天下皆夏；斗柄指西，天下皆秋；斗柄指北，天下皆冬。"

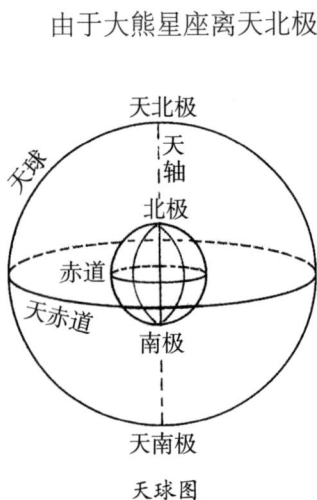

天球图

按农历说：

二月春分——斗柄指东，五月夏至——斗柄指南，八月秋分——斗柄指西，十一月冬至——斗柄指北。

同时，用"卐"和"卍"字来标识，并将其天象赋予了一定的文化内涵。

这个图是按照天空中呈现的北斗七星方位，以北极星为中心，以四季斗柄的不同朝向，所组成的一个图案（空中北斗仰视图）。

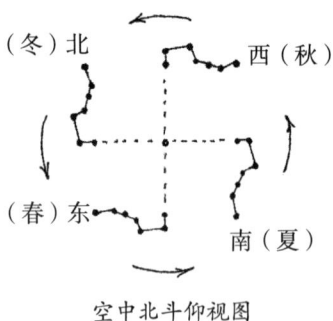

空中北斗仰视图

因为这个图是从下往上看的，所以，一定要人身面向北方，把图举过头顶来看，图上所示的北方也要向北（即地理学的北方）。

这时可以发现，所示方向是：前北、后南、左西、右东。

一年四季春、夏、秋、冬的排列是逆时针的。但是，所成的图形，按斗柄指向看，是一个右旋（顺时针）的"卐"（读音：万）字，意为"吉祥万德"，它是古代的一种符咒、护符或宗教标志。

另外的一个图，则是北斗七星由天上投影到地面，仍以四季的春、夏、秋、冬排列，所合成的一个图案，这时，可以发现它与上一张图相比有了不同的地方。

看它时，一定要按照我国古人的习惯，即人身面向南方，手水平拿图在身前平看，图上所示的南方也要向南。此时，所示方向是：前南、后北、左东、右西。（北斗投影地面图）

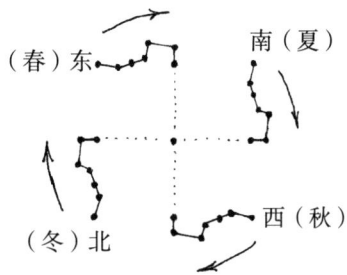

北斗投影地面图

这个图一年四季春、夏、秋、冬的气温升降是顺时针的，但是，所成的图形，按斗柄指向看，是一个左旋（逆时针）的"卍"字。这个符号多用在佛教的佛经和佛寺中。

4. 中土新说

汉字的"土"字，我国古书《说文解字》说："土，地之吐生物者也"，并进一步解释说："二"象地之下，地之中。即土壤位于岩石面之上，地面以下的大地表层；"丨"是物出形也，表示土壤能够生长植物。（土字示意图）

土字示意图

中央五土的表现，与现代地理学讲的土壤在地理环境中的地位相似。地理环境是一个有机的整体，也就是说地球表面组成自然环境的大气、水、岩石地貌、生物和土壤等要素，通过大气循环、水循环、生物循环和地质循环等物质运动和能量交换，彼此间发生着密切的相互联系和相互作用，从而形成了不可分割的一个整

1. 第一要素就是太阳辐射，所以是火

2. 大气运动（冷热不均引起的）如风为大气的水平运动，长江中下游伏旱是大气垂直运动，由高空往地面运动，气温升高，水汽不易凝结，所以不下雨

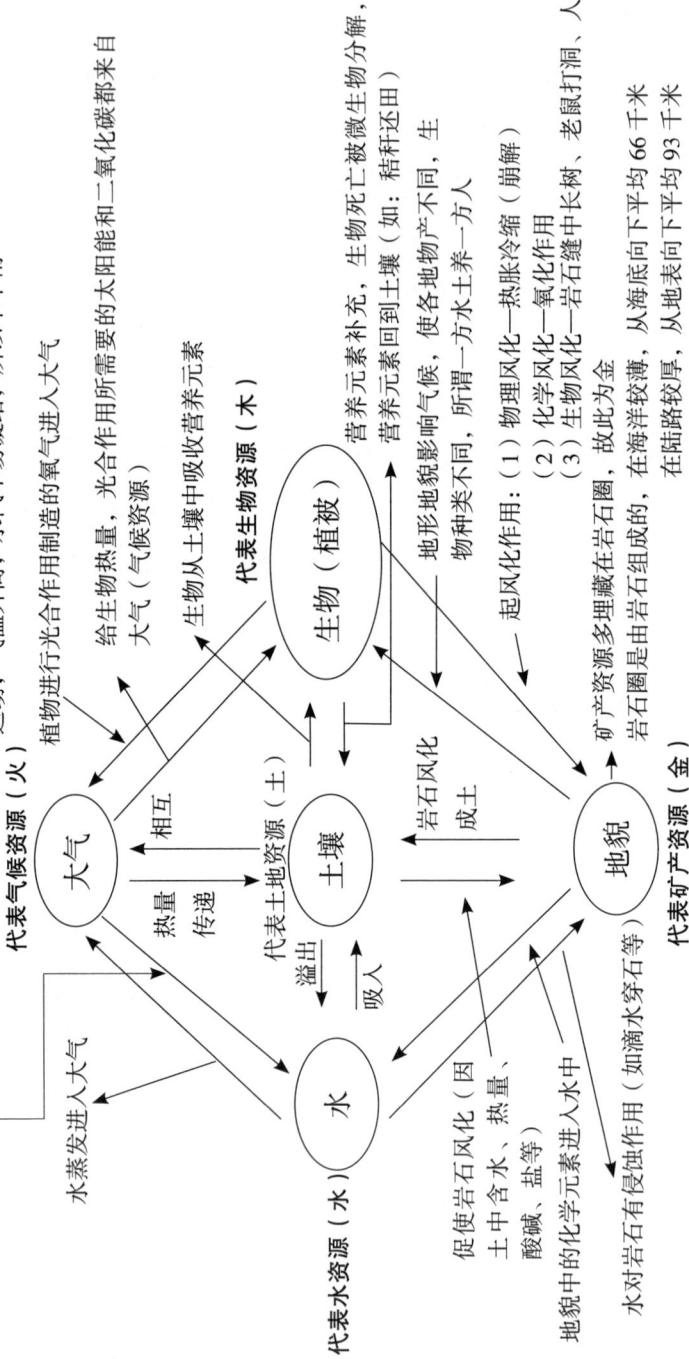

大气中的水汽凝结下降（气态变液态）

水蒸发进入大气

代表气候资源（火）

大气

相互

热量传递

溢出　吸入

代表土地资源（土）

土壤

岩石风化成土

植物进行光合作用制造的氧气进入大气

给生物热量，光合作用需要的太阳能和二氧化碳都来自大气（气候资源）

生物从土壤中吸收营养元素

代表生物资源（木）

生物（植被）

营养元素补充，生物死亡被微生物分解，营养元素回到土壤（如：秸秆还田）

地形地貌影响气候，使各地物产不同，生物种类不同，所谓一方水土养一方人

起风化作用

岩石风化——热胀冷缩（崩解）
化学风化——氧化作用
生物风化——岩石缝中长树、老鼠打洞、人开山打眼放炮

矿产资源多埋藏在岩石圈，岩石圈是由岩石组成的，故此为金

地貌

地壳在海洋较薄，从海底向下平均66千米，在陆地较厚，从地表向下平均93千米

代表矿产资源（金）

水

促使岩石风化（因土中含水、热量、酸碱、盐等）

地貌中的化学元素进入水中

水对岩石有侵蚀作用（如滴水穿石等）

代表水资源（水）

中土新说图形解

体。（中土新说图形解）

地理环境各要素的相互联系、相互制约和相互渗透，构成了地理环境的整体性。这些要素并不是孤立存在和发展的，而是作为整体的一部分发展变化着。同时，它们的联系还表现在某一要素的变化会导致其他要素

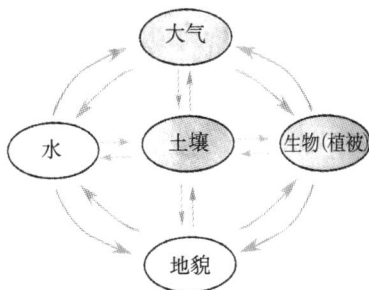

地理环境示意图

甚至整个环境状态的改变。从上面的知识中，读者可以联想五行的含义。（地理环境示意图）

5. 九宫八卦

洛书九宫与后天八卦相配为九宫八卦图。（九宫八卦图）

我国古人把龙、凤、麟、龟看作吉祥物，以神龟喻事，因其腹背皆有坚甲，头尾四肢均能缩入甲内，且具有耐饥渴、寿命极长的特点，取其纹理图案成画，龟象配数，神龟的上盖比作天，下壳比作地。

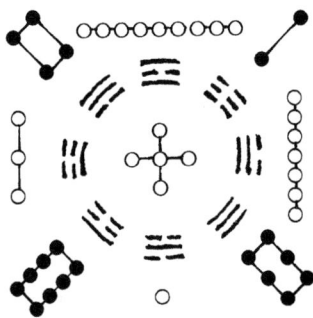

九宫八卦图

即：戴九履一，左三右七，二四为肩、六八为足，五定中心象征太极，周布八卦，显示五行生克有促有制，万物生息不已之状。

九宫八卦图以圆分布，以方布阵，从而应后天八卦乾、坎、艮、震、巽、离、坤、兑之顺序。

后天八卦图包含了事物的学问及其哲理，数以奇、偶，正、负；物以无、有，虚、实；形以静、动，开、合……

这些形态正是八卦中的阴阳，就是哲学中的对立统一，明了以上道理，天地间万事万物，尽在此生衍变化中。

洛书方阵标明了卦位及数字。《易经》中的知识，我们在生活中会自然地应用它。作为内功武术练习者，一定要了解它，这样才能修炼刚柔之体，从而健康长寿，生活愉悦。

巽 四	离 九	坤 二
震 三	中 五	兑 七
艮 八	坎 一	乾 六

九宫格图

九宫阵，无论是道传还是民间流行，应用颇多，有武技、游戏等。例如，童子跳九宫、穿换盘九宫、轻身飞九宫。（九宫格图）

九宫八卦拳者，秘授九宫十八手，连环演练，九九归一。（九宫十八手路数示意图）

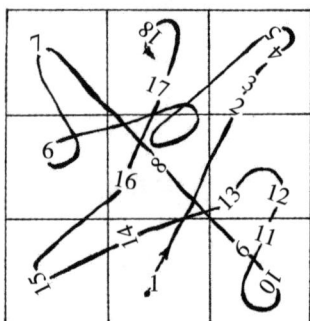

九宫十八手路数示意图

6. 算盘原理

算盘的主要规则与河图的数理特点相吻合。它的上档两颗珠，表示日和月。上边的为日是恒星，置而不用；其下为月，它是离地球最近的自然天体。月亮是地球的卫星，它围绕地球旋转，同日一样挂在天上。人们看到的它们个头也大。

下档是五个行星，是人在地球上能够看到的，距离太阳由近到远排列的，第一珠是水星，第二珠是金星，第三珠是火星，第四珠是木星，第五珠是土星，土属中央皇极而不动。

算盘的七珠之和是 15，与洛书的纵、横和对角线方向的三数之和均为 15 一样。（算盘图）

算盘图

7. 后天八卦应勾股图

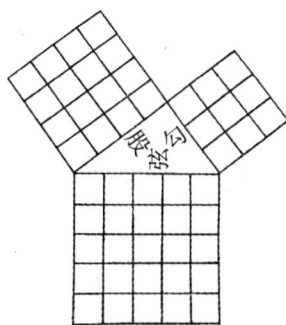

天一生水为"坎"，勾三木为"震"，股四金为"乾"，弦五土为"艮"。地二生火为"离"，勾三木为"巽"，股四金为"兑"，弦五土为"坤"。(后天八卦应勾股图)

与坎卦关联的勾、股、弦数的平方和为50，与离卦关联的勾、股、弦数的平方和为50，它们两卦上述平方和之和为100，正是天地总数。(勾股弦图)

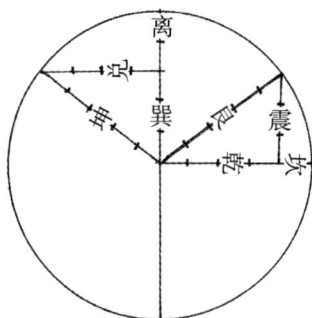

后天八卦应勾股图　　　　　　　勾股弦图

六十四卦

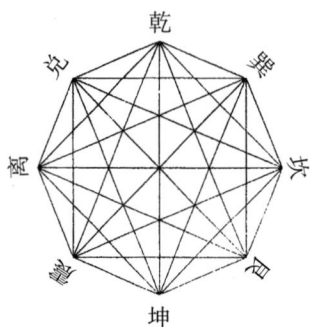

六十四卦示意图

我国古人为推测自然和社会变化，探讨天理人道，以解决人生的诸多问题和面对世界出现的各种情况。在八卦易图的基础之上，又划分出六十四卦。即由阴、阳两爻出现的三次，提升为六次。这是本着人的本性的这一永恒需求，将自然环境、社会人文、经济发展等复杂关系，加以详解，它的形成仍遵循先天卦图之理。

（六十四卦示意图）

卦形是由三爻八卦（八个点）左右相邻与交错象位及自身相重的点相互连接而形成的，六爻成卦，象征着阴阳生生不息。

它的对称性、完整性、运动性是完美无缺的，它包含了天地间万事万物的发展和变化规律。

卦爻中用六、九代表阴与阳，它的根源是河图。按五行水、火、木、金、土与数 1、2、3、4、5 相对应，五行的五数之和为：

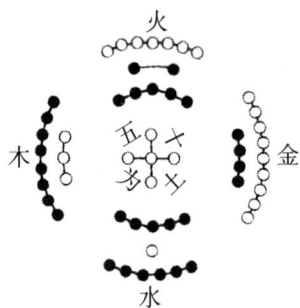

河图圆图配五行图

1+2+3+4+5=15，这里的天数 1+3+5=9，地数 2+4=6，而 9+6=15。所以天数之合 9 代表阳爻，地数之合 6 代表阴爻。

看河图：阳数顺行 1-3-5-7-9，始一终九，故"九"被称为老阳。

阴数逆行，4-2-10-8-6，始四终六，故"六"被称为老阴。（河图圆图配五行图）

但是，《易经》的成书是在易图的基础之上。易经每卦的文字内容非常丰富，哲理又极强，有喜读研究者，请看《易经》方面的专著。

我们在生活中经常遇到和应用的易卦有：

既济：䷾下卦是"离"火，上卦为"坎"水，如何把坎水和离火不相容的相克和对立的性质统一起来，使水火相济呢？做到这一点是人类在管理水与火这方面的一个重大贡献——古人利用陶器和铜器作为调剂物使之和谐起来。用它们盛入水和食物，然后将器皿放在火上烧，这样，火焰的热能把器皿内的水烧沸了，并产生了强大的蒸发力将食物煮熟变软，这样，水火由相克变成相和了，水与火的调和克服了对立的矛盾，到达了二者统一。

随：䷐下卦是"震"木，上卦为"兑"金，形意拳之五行拳有劈拳（金）似斧，破崩拳（木）之说，然而本卦的下卦"震"即动，上卦"兑"为悦，卦应此动而彼悦，有自然随和、事业定能成功之意，有如刀、枪装上木柄，利用后部把手的弹性增强前刃之锋利。本来相克之物，将其结合为一体，使之和谐共用。

谦：䷎下卦是"艮"，上卦为"坤"，两者一气为土，虽然"艮"山高，但是它在"坤"地下，这是谦虚的体现。意为为人处世内心要止抑，外表要柔顺，表现谦逊的形象，做到居功不傲并有奋发自强的精神。

恒：䷟下卦是"巽"，上卦为"震"，按后天八卦两卦相邻，五行均为木，"震"雷和"巽"风常同活动，相互助长，有刚柔相应而恒久之象征。如做人做事要持之以恒和志向专注，处事虽可随机应变，但不能改变方正的品格。

上面粗浅地解释了四卦的内涵。

易卦用在气候方面，可根据气温由低到高逐渐变化的规律画一个圆图。从六十四卦中提取十二卦，寓意一年十二个月。看此图仍要从内向外，一年开头为复卦。（十二月卦图）

一阳生，逆时针圆转到坤卦，再从复卦起绕，这里有成语来形容。

周而复始：环绕一圈，再从头开始，指循环往复。

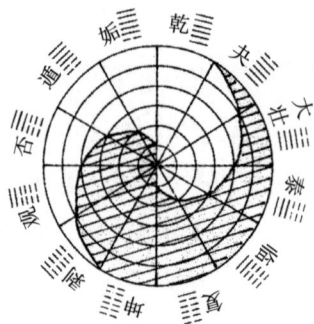

1. 复　十一月
2. 临　十二月
3. 泰　正月
4. 大壮　二月
5. 夬　三月
6. 乾　四月

7. 姤　五月
8. 遁　六月
9. 否　七月
10. 观　八月
11. 剥　九月
12. 坤　十月

十二月卦图

三阳开泰：三阳生于下。冬去春来，阴消阳长，有吉亨之象。

否极泰来："否"（读 pǐ），指天地气不和，象征闭塞和失利。"泰"，指天地相和，象征通达顺利。形容情况从坏转好，比喻事情发展到了极点，就要转化为它的对立面。

八卦的易图是古人较早之作，应归功于我国古代先民的勤劳和智慧。而发展八卦学说至编著《易经》，可作为传统道德、政治、文化权威的象征，则是经过了漫长的时间，凝聚了许多智者的辛勤劳动。

本人学识有限，学拳识易，简述到此。

作为习练内功武术者，应该运用好阴阳变化之理，指导拳学的动、静、刚、柔功夫，使之精深并发扬之。

子午线

地球上的子午线是连接南极点与北极点的线，也叫经线。所有的经线都相交于南北两个极点。经线的形状是半圆，地球表面有无数条经线，为了区别每一条经线，世界地理学界就给每条经线标注了度数叫经度。分为东经度和西经度，把经过英国格林尼治天文台原址的那条经线定为0°经线，也叫本初子午线，从0°经线向右定为东经度，向左定为西经度，东西经度各180°，共360°，0°经线和180°经线分别只有一条，除此之外的所有经线都是各有两条，即东经度一条，西经度一条，如：东经90°经线和西经90°经线。

每一个地方的太阳从升起到落下，太阳光线与地平面的夹角（即太阳高度角）呈现有规律的变化，太阳高度角从刚升起的0°变到正午时最大，又从正午最大变到落日时的0°。当地正午12点就是一天中太阳高度最大的时刻，属午时，与平时12点差12小时的当地夜里12点属子时。

参照医道九宫子午流注图，可以修炼内功健身方法，学习有关经络知识。

上面简要地介绍了易学的基本知识，作为内功武术习练者应该学习、应用它，与之有关的内容如下。

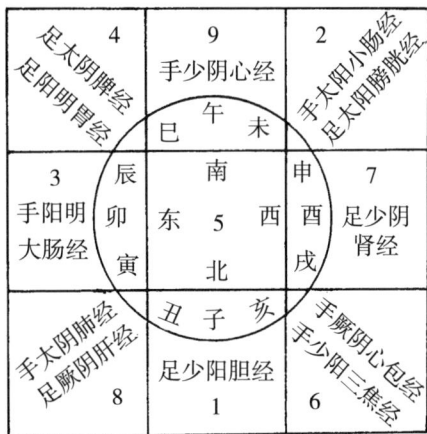

医道九宫子午流注图

1. 武技与养生结合，学习"秘授卧功""静桩""易筋经"。

2. 行拳为圆，学"无极桩""太极桩""太极圈功""古太极功"。

3. 学习五行生克，盘"种瓜点豆"，练"子午桩"功，了解形意拳之五行拳。

4. 认识八卦，站"八卦桩"，知晓"懂阴阳生成，得乾坤拳技"之道理。

5. 操手技法练习，重点学练"闪星耀月""壁虎爬墙""童子拉钻"等。

6. 练习"五禽戏"。

7. 运用"九宫八卦"，学习"八卦绵掌""九宫十八手"等。

8. 练习"太极连环拳"。

9. "乾坤棒技""空星刺谱"刀、剑等器械体用操练。

10. 学习传统国学、书法。

第二章 基本功法

开筋筑基

    道宗九宫八卦拳，武技基本功之踢腿、活腰、展背操练与他门技法大体相同，但有几手不同者，以照片示之。

1．拐步

    蹲身展背，两手扶膝，左右跪步拐行，亦称拐跪。此式运肩、活胯、揉膝、行踝，两手扶膝保护腿足并有养气得力的作用，操此功应循序渐进，先要稳慢到位，后要爽快准确。练习拐步是前行，即便是回身再做，也是前行。（图拐步 1、拐步 2）

拐步 1   拐步 2

2．吸腿

    直身独立，两手紧抱小腿，合腿贴胸，然后，松开双手，腿位置不

变。保持圆背独立平衡。左右腿轮换做来。(图吸腿 1、吸腿 2)

经过一段时间的耗腿练功，掌握了吸腿的架势，以后就可以连续倒退步伐，使吸腿动作不断，连连行之。架势可高可低，或直行折返吸腿，或圈圆行运吸腿，均为倒行。

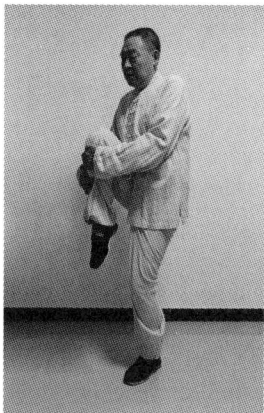 

吸腿 1   吸腿 2

3．歇锄

出腿翘足，咧胯坐身，侧身顺臂反手扣抓足心，一下一下向足处弹韧行之，渐渐地弯臂下身，头近腿足侧卧成睡姿，左右式换做。(图歇锄)

后手如贴背腰，有养肾固阳的作用，此式开胯合胯有度。如图歇锄。

此歇锄动作乃"八卦三锄"功夫，取其一个定式作为抻筋练习。

"八卦三锄"功夫者，一为把锄，二为挥锄，三为歇锄，这里只介绍名称，后单列本功简述。

歇锄

八卦静桩

道家武技的系统训练，首先是踢腿抻筋和活腰展背，以此来增加身体的柔韧性和灵活性。再就是桩法练习，使身体得气生力，不断提高身体的应变能力，做到气与力合，从而能以气催力，并充分发挥整体力量，达到体用效果。

静桩的要点是：两足分开的距离一定不要大于肩、胯宽度，这一点非常重要，只有这样胯才不会着力，同时腰部也能放松，下身各关节亦不会紧张，达到身体自然放松。然后，再以意念传导，使内气集于掌中劳宫穴，并以此穴"呼吸"。练功时口鼻呼吸要顺其自然。功法六式皆依循以上要领。

练者如能悟透功理，掌握好操练方法并不断勤习，定能健身强体。同时，练者内气畅通，真阳充实，自然会有内气收放之功，即：有收之养生、放之疗疾的功能，而且还具备行气运力之能，所谓"求之不得，不求自得"之朱砂掌功亦能自然修成。

1. 立地生根

两足分距基本同肩、胯宽度，手臂在体侧自然松垂，身心放松，眼前视，顺项提顶，身有入天之意。（图立地生根 1）

接着，两膝放松，两腿弯曲，顺直腰脊，身体自然向下微蹲，着意脚板松展，两足踏入地下。然后，静心缓形做下蹲起立 3 次，与此同时，两掌指尖也向地下沉垂，这时就会有天地一线贯穿身体的感觉，亦有参

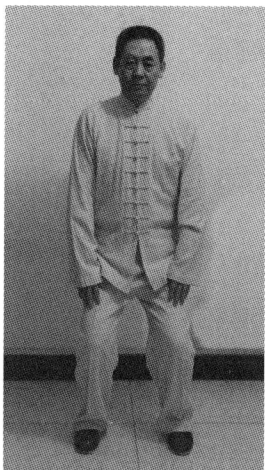 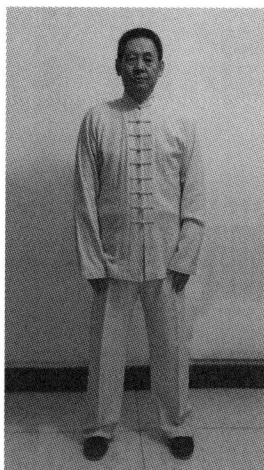 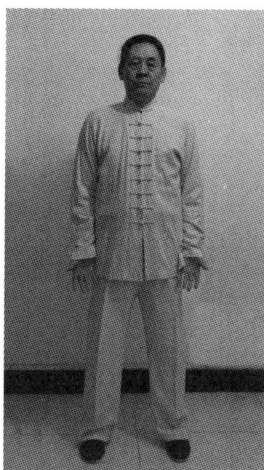

立地生根 1   立地生根 2   立地生根 3

天松柏入地生根之状，人的身轴由意而生。以此构思而成形则有极生焉，有身心空无、形神俱妙之态势。（图立地生根 2）

在第 3 次身缓缓起立之时，两手同时缓缓外展，使掌心向前。这时，两腿自然伸直，两足心和两掌心自然含空。

接着，眼视远方目标（如大树），用意含掌以劳宫穴将此物渐渐"吸"回，这时会有足心涌泉内吸，并且身体重心自然移到足跟，还有足大趾向回抓的感觉，由此肚脐内收，丹田自然吸向命门。行功时眼神要自然相随。（图立地生根 3）

远方物体吸入掌中后要静息一下，然后再加意"呼"出掌心劳宫穴，把此物体慢慢送回原处，这时会有松展足掌与身体重心微微前移而使足趾着力之势，由此丹田自然向外呼出。同时眼神也自然相随。

两手劳宫穴的先"吸"后"呼"连做 9~18 次，不但要求连绵不断，而且将物体收送的距离，也要随次数的增加而加大，有几个来回就会感觉两足入地势如生根。

练习时间长了，劳宫穴的"呼吸"会自然得气，这样，手三阴、手三阳的经络就通畅了，手指会有明显的气胀感。

意念中的物体往复移动，如弹簧拉伸、筋条牵扯，松与紧的变化微妙，蓄与发的气力自然形成，这就是太极之动。

行功中劳宫穴"吸""呼"时，眼、耳、舌、身、手随之微动属正常，但是不可追求，心静为一，气通身畅自生二。

2. 托运泰山

由前式，两手加意沉臂并将两掌指深插地下，与此同时，两腿弯曲放松，身体微微下沉，两膝自然向前，松双足踝，两脚掌随势平展，双足跟着意，随双掌指的深插也稳踏入地。

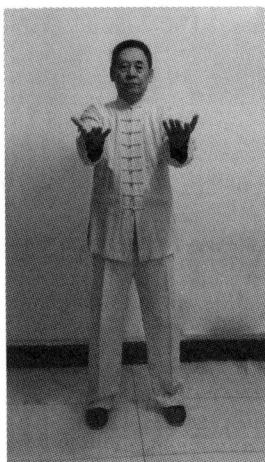

托运泰山正面　　　　　　托运泰山侧面

然后，双掌缓缓上托，如将泰山挖起，身亦随势自然顺脊舒气，并沿身轴向上起。最后，形成大臂向前小臂平举，两肘下垂与心窝齐，掌心含空向上，五指微开如托簸箕状的形态。眼向前视。（图托运泰山正面、侧面）

用意使两手劳宫穴"呼气"，此时掌指自然前伸，将挖起之泰山上托，稍微静息一下，再用意使劳宫穴"吸气"，使沉重下压之泰山收缩吸进手掌。

按此方法让劳宫穴反复"呼""吸"，连做9~18次，意念续而不断地托起、收落和缩化泰山，并渐渐把泰山集于掌心。

做这个桩式时，主要是着意于劳宫穴的"呼""吸"，丹田穴位的"呼""吸"会自然协调。

提示：双手从下起动双臂挖山时，身体的重心随手臂的平举微移向前，此时可感觉到两足趾扒地和足跟似起之状。在双小臂平举到位时，身体又微后移形成足跟自然着地及足心含空之状。

每次劳宫穴"呼气"时，开掌分指，手指要着意前伸。"吸气"时，手心含收，手指随势向内弯曲。做这个动作时间长了，"气"足自然生内力。

练者要悉心体悟此式的功用所在，逐渐掌握气息的运用和调整。

3. 双臂擎天

身形站立如前，双手臂左右分开，双臂圆屈，两肘微垂自然外伸，手心含空向上，手指自然弯曲张开向外、向远处伸出。虽然两臂抬起，但还是要求放松。

双掌劳宫穴"吸气"，如天下沉，重压手臂及两掌。此时意要不断，再用劳宫穴"呼气"将穹天托起，连做9~18次。（图双臂擎天）

重复做多遍时，由于劳宫穴的"呼""吸"使掌心蠕动，掌指外顶（特别是中指）要随次数增加顶力（气行力到），次与次之间不可懈怠，应使内气贯达双掌十指指梢。

双臂擎天

提示：接前面的动作成此式时，一定要把握好双手臂缓缓向外分开，如身在空中拨分云朵状，同时，自然畅胸而能提神，天盘自然通达。气贯指梢，内气行润膻中、鸠尾并蓄足丹田，滋养命门，人盘有矣，中气充足，下达涌泉润两踵，地盘自然稳健。

4．抱挤天柱

接前式，两足跟同时向外碾，两腿弯曲站
立。两臂起，拢至面前高过头，随之向下滑收，
停在胸前圆撑，肘外顶微垂，手心含空斜相对，
手指自然弯曲前伸，虎口张圆。眼神自然随形。
（图抱挤天柱）

劳宫穴"呼气"时，两掌向内抱挤顶天立
地之天柱，劳宫穴内气相吸相引，并有微微沉
腕和拇指随式的上下滑引，有将天柱栽插入地
之意。

抱挤天柱

劳宫穴"吸气"时蓄力，抱抚天柱。"呼气"
为挤插天柱，反复练习9~18次，把天柱插进地下。

行气时，如小臂、两掌微微旋动或有开合，为得气之象。

提示：这个桩式，要做到肩部放松，才能有肘垂和掌挤的效果。此
时胸要内含，肩、臂、腕、掌以环形向内传递气力。

下盘的两足、两膝亦向内合，天呼地应。此时人如在空中，彩云缭
绕，神情怡然。

5．三盘落地

三盘：天盘，肩、臂、掌；人盘，腰、胯；地盘，腿、足。歌诀有：
天盘松，地盘定，人盘控。

接上动，双分足，两足相距约2尺（约66厘米），身体下蹲成骑马
步，上身微向前倾。（图三盘落地）

动作要求如下。

（1）脊柱要自然舒顺，两足跟要着意外展，身体下蹲，重心落在两足上。足心涌泉穴自然内吸，足趾收抓点地。两膝自然向内、向前、向下顶，这样，能使下盘气力下引。

（2）两臂自然撑圆，两肩内扣，松肩沉臂，小臂自然旋拧。这样，就有手心向外斜下方分按之式。

（3）松腰蓄气，引内气聚中。

三盘落地

劳宫穴"呼气"，两掌下按，气运掌指，引内气蓄中，丹田充足，能使两足沉踏入地。

劳宫穴"吸气"，掌有内收敛气之意，又可有引足心涌泉穴、会阴穴内收的感觉，这样，就会自然形成丹田、命门相吸而得真气。并能引动会阴穴，使尾闾至泥丸宫自然通顺，这样内气自然循环督脉、任脉，自能养气聚中归于丹田。

练功者要掌握好三盘之势的沉落，连续练习9~18次，意念要连绵不断，使气与力随形渐渐生成。

提示：配合劳宫穴"呼气"，两足之脚板要展，足踝要自然放松，身体的重心微前移。在劳宫穴"吸气"时，身体的重心微微后移，这样足大趾会点抓而收，此时也要把握足踝的放松，自能引涌泉之水沿足少阴肾经而上，而有会阴、命门、丹田之聚吸。如此往复真气生成。

熟练此桩后，可将身体的重心轻轻移根在踵，两足掌平展，天、人、地三盘松落至地，练功者把握平衡，自能体会妙处。

6. 双合丹田

接上式，上身轻起双收足，站距略比肩宽，与前面所述身形一样。

两手收，虚抱小腹，手心含空，两手轻轻相叠，左手在里，右手在外（女士：右手在里，左手在外），劳宫穴透对丹田。手掌要轻置腹上或留有相应距离（自然形成），两臂自然在体前。（图双合丹田）

劳宫穴透对丹田，一"呼"一"吸"调养气息，精华入丹田，反复9~18次练习。

收功为两肩、肘、手自然放松，可揉腹、摩面，双收足还原，静心安身。

练功要求反复做，可以做5次、7次，由练者心定。

双合丹田

六式静桩连续练习或单式练习均可，它包含了内功的修炼。

身体由松而沉，自然会有胸畅腹实、气沉丹田之感。劳宫穴"呼""吸"的行功，自然会调动起先天的丹田"呼""吸"。气盛阳动，内气自然运行，诸经脉自然就通顺了。不要去循经导气！要自然而然，意在劳宫穴为神会，多时练习会自然上功的。

八卦动桩

桩功连环演练

站立的身形似静桩。

1．狮子滚球

> 阴阳生变，古太极功法。

行功要点：

以意念传神引动身轴，使腰身渐渐产生旋动，并带动手臂，显形外动而内静。身动足不动，行气传力由上至下将周身蓄足，又从下返上送达肢梢，式势阴阳变化，做到内外兼修。就养生而论，宜四分动六分静；以武功论，动作幅度大小及速度快慢宜相间，式架随意出形而自生变化。

动作要领：

面向南方自然站立，手臂在体侧自然松垂，身心放松。眼前视。稍定片刻，双分足，站距大于肩宽，此时加意顺项提顶，使身有入天之感。（图古太极功1）

行功者首先要心静下来，再松腰舒臂使气下沉，随之身下蹲，蹲、起两次，宜柔缓。（图古太极功2~5）

然后，着意启动身轴，随之身形显动而有了腰身左右扭转，缓缓转动数次后，渐渐加大动幅和速度，在产生顶天立地感觉的同时，所形成的扭转力又渐渐向肢体传递。随着动幅的增加，速度也稍快起来，这时，就出现了胯和肩的开合，所形成的旋力经双膝过双踝到达双足，自然调整双足站距尺幅，使双足自能抓地不动。同时，旋力从下上升与两肩的旋力相合，必然会使两臂产生起动拧转而悠荡起来。这样，气血自然行至手掌而聚于掌心劳宫穴，并贯达十指指梢。（图古太极功6~7）

虽然两腕掌随臂游摆，但是，两掌因劳宫穴之内气吸引而相连，出现了揉掌翻腕，又慢慢地带动两臂使之弯曲，随之两肘划空云起，动幅再继续增加，就能逐渐做出揉、托、抱、滚的动作，叙述如此，不再增加图幅，练者自悟其形。（图古太极功8~9）

古太极功 1

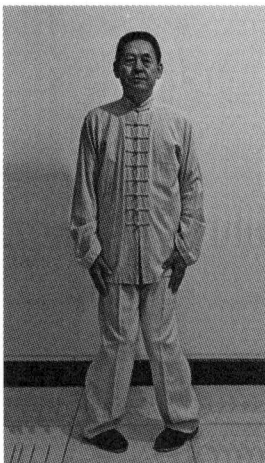

古太极功 2

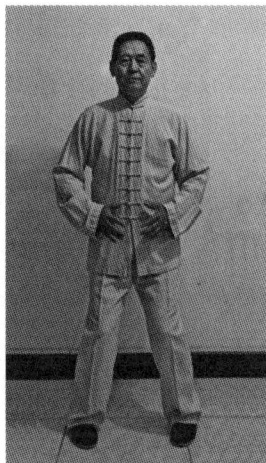

古太极功 3

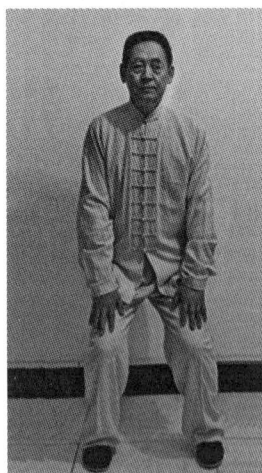

古太极功 4

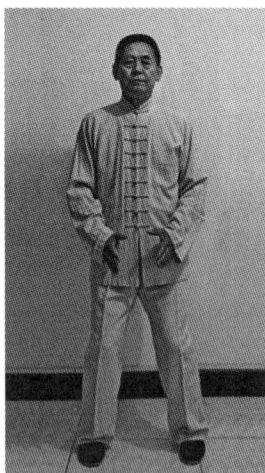

古太极功 5

古太极功 6

古太极功7　　　　　　古太极功8　　　　　　古太极功9

此时，行功者如意想雄狮之神态，就会形成狮子摇身、狮子摇头及金狮戏球诸式，传神在心，眼随形转。

最初练习比较容易，若想进阶深入，就需要学者细心体悟此式的内涵，理解由静生动和动微而静，并内收入中宫合太极之意。若想探得劲路缠绵、刚柔，须刻苦研习揉圆、画圆、运圆的意境。

体会足下的吸、粘、拔、捉，手上的抱、挤、顶、撑的感觉。

收式为静心松体，慢慢地减小动幅和旋速，身随之渐渐起立，双足自然敛收，两臂掌慢慢沉落在腹前，两掌相捧（尺幅自然），两劳宫穴相吸片刻，使内气存于丹田，人身自得阴阳平衡。然后，手臂自然松垂在大腿外侧。呼吸自然。眼神前视。

师言：此为古太极功法，简而为真，从无至有，着法由阴阳变化以致无穷，练者要把这个根基筑好，其余诸式举一反三，掌握了这个功法，则拳术易学。

掌握古太极功，对太极拳、形意拳、八卦拳来说，有以下几方面的作用。

打太极拳者，身轴一动，阴阳显现，身手步法即可灵活转换，自然生变出百式招术而成套路。懂得这个道理的练拳人，无论走架还是推手，功用自然上身。

练形意拳者，合胯拧脊身轴动，丹田气催力，而变生五行奇正之术，使人形神合体而能进退自如，攻防得心应手。

盘八卦拳者，有了腰胯开合身轴之拧，自然会弧步而转，以意领形，自得九宫八卦拳体用之术，若能参透功理，即可进阶。

2. 熊猫洗脸

转身摇臂，挂垂掩护法。

行功要点：

仿熊与猫洗脸的动作，而非吃竹子的熊猫。

动作要领：

面向南方，两腿分开，站距稍比肩宽，调运身轴由身下渐渐揉动两臂掌，形成屈臂垂肘，先左后右旋掌过面。一掌在外，掌心对太阳穴，另掌过面，两掌心都对面部。身轴左转时，两掌随到左侧头面部。身轴右转时，两掌随到右侧头面部，运掌要掩肘垂划并以气摩脸面而下，松臂抽掌向下到腹走弧线，然后再外展，起臂掌上扬。（图熊猫洗脸 1~2）

熊猫洗脸 1　　　　　　　　熊猫洗脸 2

另一种练法是，起掌在外，掌心对面部，另一掌过面部，掌心向外以推按之手法，再掩肘垂划之。此动之掌有塌有捋。重复以上动作练习数遍，眼随掌动。

此式主要是随身轴之左右转动，形成裹臂云掌和垂肘掩中之动。腰身协调配合，含胸阔背，身体放松，式架高低随意变化，但是一定要气沉丹田。本式动作幅度可大可小，速度快慢要自然得体，本式具有健体和实用的双重功效。

熟练此式者，即可以调运身轴，以腰胯的左右转动来荡动膀臂而自能做出裹臂云掌和垂肘掩中之式。练者悟之。

3．顺风摆柳

开胯摆尾，运移化力法。

行功要点：

双开步，两足相距2尺余，微屈膝使身体低一些，上身微前倾，顺脊，臀部不可外突，松肩顺肘使两臂自然垂沉。（图顺风摆柳1）

动作要领：

由意引动，身体左右侧摆并带动两臂，两掌含空，劳宫穴相吸相捧，两掌距约1尺（约33厘米），手指自然分开，指力向地伸去，腰塌气沉。（图顺风摆柳2~3）

这时要求腰松胯活，重心在左右腿（足）间转换，但是两足不可拔根。

式由微动起，逐渐加大幅度，式如钟摆，使两臂掌随身、腰、胯、腿，同步在体前荡动，如春风拂柳，水波荡漾。行功者畅胸顺脊，自有头顶入天之感。

做这个动作时要体会指、腕、肘、臂、肩由摇摆而生劲力，并节

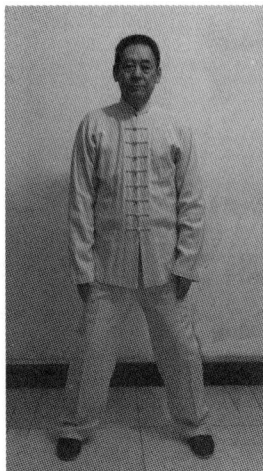

顺风摆柳 1　　　　　　顺风摆柳 2　　　　　　顺风摆柳 3

节上传，逐渐柔化变蠕动传到头顶；下身由腰及胯经两膝到达两足，劲力下沉有入地生根之感。两足轻重变化而不拔根，同时膝关节要活，两膝顶力恰当到位可使胯开，足下才有绵韧之劲力和蹬入踏进的感觉。

　　一般摆幅以正身中线向左右各 30° 为宜，劲力柔和，丝丝不断。眼视前下方扫摆双掌。重复练习。

　　两掌摆动，一臂掌在腿外，一臂掌在腿内。如向左摆动，左臂掌在左腿外，右臂掌在左腿内（或者说在两腿间）。这是一般的练法。

　　功行多日后，下盘稳健，掌臂会随身体自然摆动。气力由内而外，由外而内，随摆荡传送。

　　这个动作可使丹田、命门、会阴三穴交汇，有利于带脉、冲脉通顺，使阳气萌动，具有养身健体的功能。熟练之后，再进一步鼓荡腰腹，以丹田之力促使身体摆动，引臂、掌自然做出与开胯相反的左右摆动。（图顺风摆柳 4~5）

　　练者要善于思考并悟透其中要领，特别是身轴能树得起，又要做好身轴之左右微转，这样才能传神，再进一步掌握变化生新。

顺风摆柳 4　　　　　　　　顺风摆柳 5

4．壁虎爬墙

攀落平抹，升降寻隙法。

行功要点：

做这个动作眼神要自然寻掌，拉动身体脊骨伸直，但足跟不可离地。做到气力有蓄有发，身轴自然树起，并有微微左右转动。

动作要领：

近墙（适中）而立，两足站距略比肩宽，两臂放松垂落于体侧，调匀呼吸。然后起动右臂掌，自身体右侧弧线上旋平抹（掌心朝外向墙），起向头顶高处，再向左，从头左侧下降，转到身胸左侧时，变右掌心向下按，过腹部后自然归位，松臂掌垂落于身体右侧。这个动作是以逆时针转臂抹掌行运一周的。

在上动臂掌到胸侧向下时，起动左臂掌，练法同上，只是左臂掌转臂抹掌，以顺时针行运一周。如此交替重复进行。（图壁虎爬墙 1~4）

两臂掌在身体前旋转平抹，运掌以肩头为轴，肘起肘落画圆相随，

壁虎爬墙 1 壁虎爬墙 2

壁虎爬墙 3 壁虎爬墙 4

肘尖下垂外顶，左右交替速度要适中，缓中寓急。抹掌下拉至旋掌下按，身体有向上挺长之意，并加意节节攀升而使劲力不断，做到意足形到。各部不叙者，皆为自然。

爬至高处，再旋动臂掌，由上往下渐渐收抹，身体慢慢下蹲。往复起蹲抹按，动幅大小变化随心，速度调整加功而练。

本式体用结合，要学会掌握用肘、用掌的技艺，勤练多悟自能引申变化。

5. 童子拉钻

搓捻轴脊，真丹收运法。

行功要点：

意念是以两掌扶钻旋搓，似有捻挤钻压入地之意。动作速度初时以平缓为主，重复练习，眼自然平视随掌动。

动作要领：

头顶入天，脚踏入地，着意身轴调运，显形以腰胯的左右拧动，引气行带脉而分别做左、右臂掌的后拉、前插，即左掌后拉右掌前插，再接右掌后拉左掌前插的进退相搓式，它的往复运动形似拉钻。（图童子拉钻1~3）

这个动作，丹田、命门相吸相引（抱、转），有聚力发劲之功。此式体用结合，两掌出中入中，亦可变化为两掌交叠擦搓虎口的动作，要求直进中线，进退自如，或缓或急或沉稳或疾行。

动作意趣妙生，虽形为两掌执钻而旋，亦可着意两腕、两肘、两臂、两肩的摇动，进而形成身脊为钻，产生中之轴进钻入地之感。此时，松肩垂大臂，小臂收于腹前，两手掌近腹似捧。练者还要注重两腿之根力

童子拉钻 1　　　　　　童子拉钻 2　　　　　　童子拉钻 3

（顶膝随踵），这样身体的上、中、下似有三盘在旋动，而会有气力饱满的感觉。

两臂掌在腹前的"拉钻"放放收收，快快慢慢，练家悟之。

6. 银蛇缠身

荡旋揉体，顺逆钻缠法。

行功要点：

揉身旋体，顺、逆自然。

动作要领：

面向南方站立，两足开距略比肩宽。两臂抬起在体前伸出，肘微垂，小臂平，两掌心含空，劳宫穴相对，距约拳余，掌指自然弯曲，两掌指相近但不可接触，在身体正前方。（图银蛇缠身1）

本式桩步成形，以意引动，调运身轴，两手臂向左平摆45°位，至极处缓缓收臂，两肘向外顶并开掌，手心向左胸，两掌距胸一拳余，两臂不可夹胸，同时腰胯向左转动。（图银蛇缠身2~3）

银蛇缠身1　　　　　　银蛇缠身2　　　　　　银蛇缠身3

上动不停，两掌自左胸向右胸以劳宫穴之气平摩，慢慢虚合双掌，随式两肘内收，两臂前伸向身体右前 45°位，同时腰胯从左向右转动。（图银蛇缠身 4~8）

再摆臂向左 90°到开始起手时的左平摆位，重复上面的动作。上面叙述了一个摆、收、运、伸的两臂、掌的连续动作和腰胯的顺式转动。此为左蓄右伸式，按上述方法重复练习。

右蓄左伸式，按上述说明，动作左右相反，重复练习。

银蛇缠身 4

银蛇缠身 5

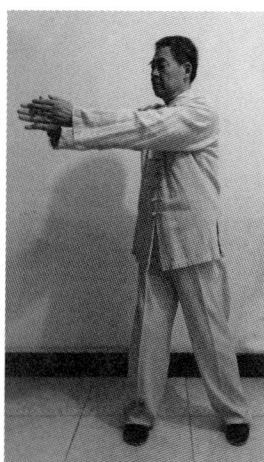
银蛇缠身 6

银蛇缠身 7

银蛇缠身 8

手臂平摆成扇面，向身体前方左右各 45° 运臂走掌，其夹角为 90°。回收运掌摩胸，前伸的屈臂走圆，方向与以腰为轴腰胯的左右转动方向相同，蠕动身躯，螺力传递。

初学本式宜循规蹈矩，正身顺式，即摆臂和转腰胯同向同步，熟练之后再按上面叙述的要领做摆臂和转腰胯的同步异向运动，如：摆臂掌向左的同时，腰胯向右拧动，并配合手臂恰到好处地旋动。

待功夫长进以后，用丹田之气引腰脊并转动身躯，劲力螺旋传递到达"蛇头"（即掌指），练者体会"蠕动身形，周身皆拳"之理。

做这个动作时，头要随式自然转动，眼神亦然，这样才能达到周身运动，使各关节活动灵活，气血通畅，可消瘀祛疾。

本式的蛇形功法要领须长练长悟，会拆会变才能做到体用结合。式由静而动，气行力生，内劲产生蓄于丹田，腰为主宰，上脊过背，进而荡动身躯乃及手臂之梢，由腰塌下沉、胯坐臀敛，传到两膝自生向内顶力，向下到踵，又使足趾自然抓地。这样桩步自然稳健，下盘沉实。

八卦行桩

八卦行桩也叫分水转龙。

行功要点：

由静生动，由动生变，衍化为行桩。

动作要领：

面向南方，两足向前自然站立，两手臂在体侧松垂，眼前视。（图分水转龙1）

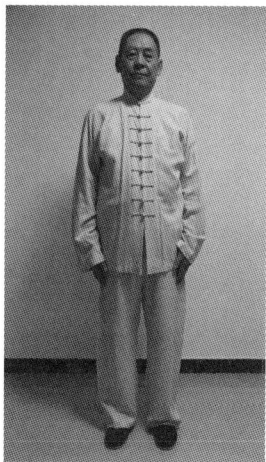

分水转龙1

微静片刻，翻两掌，手指自然弯曲，手心含空向前，接着两臂弯曲向体前抬起，至肩高时拱腕收小臂，使双掌向面部外侧耳旁，手指过耳松垂向肩，然后两肘向外分开。（图分水转龙2）

不停，拇指合向掌心，掌指朝下，双手背相对手指拢收，拇指、食

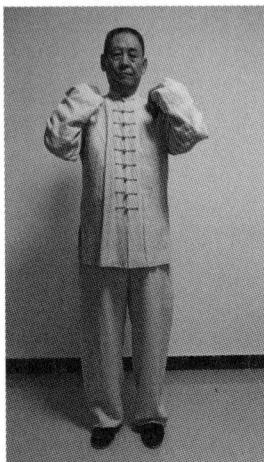

分水转龙 2

指、中指抵肩头下胸窝处，接着，再以虎口外缘沿胸贴肋向下滑插，到
胯旁时向外撑，两臂自然下伸，此时两臂自然形成拧力，掌在体外左右
侧大腿旁，要留有一拳空余，掌心和拇指向外，四指直向地。形成两肩
内扣两臂外拧的下沉之势，这样就能使脊背阔圆，并能含胸塌腰，同时
呼吸也自然顺畅。（图分水转龙 3）

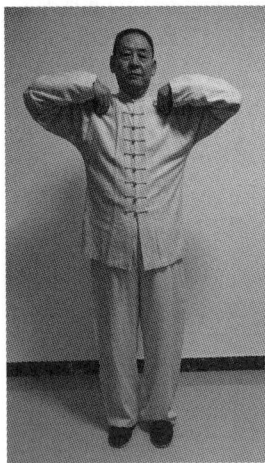

分水转龙 3

　　接着屈膝，身体适度下蹲，调运身轴，以意引气，使腰胯向左转，
随势带动右腿，自然做出顶右膝和右踵外展及右胯后坐的动作（图分水

转龙 4）。身体向左旋转式，至极点时带动左腿，左脚踵起掠地而出，左足尖外展摆步，落地后足趾抓地，左足跟与右足尖相对，两膝向前顶，两腿有夹剪力（图分水转龙 5）。身体向左旋转之力不断，随之自然带动右足前行，内扣落地，右足跟与左足尖相对（图分水转龙 6）。此时两腿掩裆扣膝，神意带形，自然调运身轴，腿足自得摆、扣动幅，产生沿圆逆时针行转的连续动作，由于落步自然，所形成的圈径自有两胯尺幅约束，大小适中。

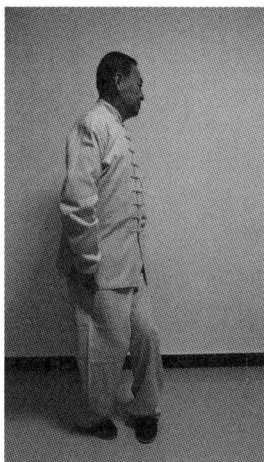  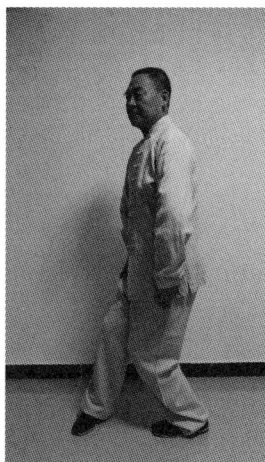

分水转龙 4　　　　　　分水转龙 5　　　　　　分水转龙 6

换步转身的顺时针转圈，是按照上面的动作要领，以相反的动作练习。

步子在圈内移动、转换，要保持手臂下沉和臂拧、掌外撑的一个姿势。意为头顶穿天、脚踏厚地，这样会自然形成两肩内扣，胸空内含，拔背横阔而气力下沉，并能使气力蓄于腰腹间，这样就有丹田气足之感。

由于低身圆转，塌腰坐胯，两膝顶剪，足蹬脚踩，身体由此形成一股螺旋力，上下传递着，练习日久，气足力整，下盘稳健，劲力贯通周身，动作中足下的踢、趟、扫、挂会自然产生。

形起自然，动幅大小随心，速度快慢自变。

提踵踏颤之转同时可以修炼。

行功中一定要调运好身轴之旋，保持上身中正。眼要平视，要自然拧臂扣肩。气息平和，天地一轴，气场饱满。

变换圆转方向要自然，快慢旋拧随功得法，收式为自然收中。

圆转中两手似舵，如在水中分水导流，使之渐成旋涡，恰似古人传说中的螺舟——一种螺形船，能在水底潜行。《拾遗记·秦始皇》载："有宛渠之民，乘螺舟而至，舟形似螺，沉行海底，而水不浸入……"这说明练功中的意境和方法很重要。

行桩表现为动、静、急、缓、刚、柔、外、内的形态，象征先天之乾坤旋转，后天卦生而致用矣！

第二章　独门练功

种瓜点豆

种瓜点豆

武学童子蒙训之种瓜点豆操练，纯真雅趣，练者在游移时身心和顺，自然而然地方中寻圆，体悟刚柔合体、术道并重之功。方法得当，老少皆宜，得其要领者可自生妙法。

> 种瓜点豆歌：节令农耕到，种瓜点豆巧。应天顺地行，开合学中妙。

练功要点：

心意松涵，劲力内蓄，步眼钉稳，变换灵活。

握固，婴童生来会之，当今练习称其为"自然拳"，即以拇指头节点诀无名指下横纹处，其余四指向掌心曲包拇指，轻轻握之。

要意简介：

选用五宫图制作模板，其尺寸要根据个人的年龄与身高，四角为开胯蹲身站立位，不要过宽，应以胯、膝、踝合理承受的尺幅为好。同时，五宫位的站立圆面也要适当，不能太大。

初习时动作要规矩：式落中宫时，两手自然拳（握固）拳心向上，收在神阙两侧，而踏游、跳运四角时，两拳先向内拧，待两足到位时，两臂圆撑推出，使两拳相距二寸许，拳背斜向胸，高度与"膻中"齐。

穴位名称：

神阙（shén què）：位于任脉，穴当脐中，为先天之结蒂，后天之气舍。

膻中（dàn zhōng）：位于任脉，本穴内应心包外围，代心布命，居于

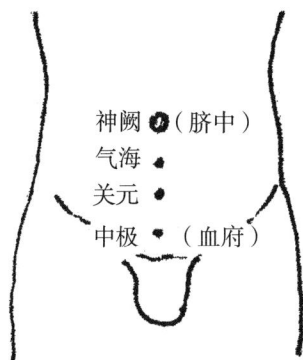

神阙穴

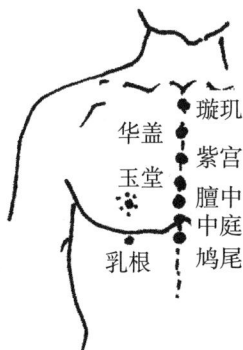

膻中穴

胸膜之中。

功法用图：

栽地桩或用木模板，按需画图，要标准清晰，练家务必重视。

种瓜点豆含巡边置角与踏落登升练法。

（1）巡边置角：刻画圆面。

选用四周带框的模板，中心定位不变，在转向移足时，所移之足外侧要贴近边框，足尖要前顶所对边框。一擦一顶，轮换移足，身手随变，顺、逆时针练习。（模板图）

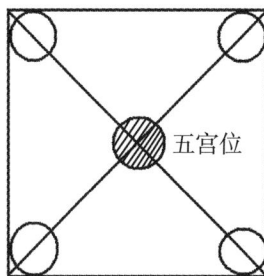

模板图

（2）踏落登升：栽桩固牢。

落足圆面适当缩小，一下二上，开胯、折膝、拧脊，顺、逆时针练习。

①踏位均高三寸，移行练熟。

②逐渐增加踏落圆墩高度，以寸计。或者直接定好中心高七寸，四角高一尺，慢慢适应练习。这是个安全尺寸，所差三寸，正是脚踝到足底尺寸。

练习要点：

一足移动踏落后钉位固而不动，再起另足移动踏落另一钉位，稍停，移动第一动之足，踏落钉位固之。（方位示意图1、2）

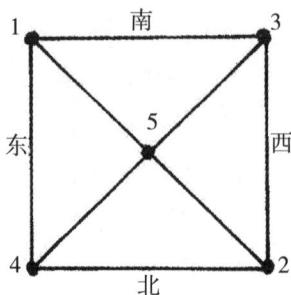

方位示意图 1

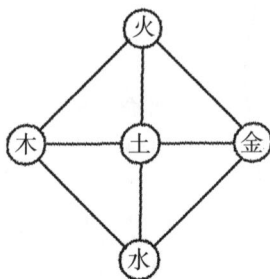

方位示意图 2

行三个步眼，身、手、足直面同一方向。转一周 12 个步眼，动作协调稳定。

种瓜在中心，点豆在四角，在踏移时，可以按意或按数发声，不但有增加乐趣、增强记忆之效果，而且发声能够震动体内脏腑，起到按摩健身作用。

发声当以轻音，声调高低自然，行运之法自然锻炼筋骨肌腱，步履稳健，练习下来心情愉快，精神饱满。

练习方法：

以上方位示意图犹如模板，记好宫位，具体练法配以下脚印踏宫图，略去数字。下面叙述，只言两足分别移动，身手动作着心用意自然配合之。

初时，面向南方偏西站立。接着，内转左足，足尖朝西，腿自然弯曲独占中宫，与右足成"丁"字 90° 站立，身面向西，两腿掩裆。

这样，就开始了顺时针移位转动，身向西、向北、向东、向南转四正方。

按图行运，四个方位按顺时针都转到，做时，凡足转占中宫必转身换向，掩裆、开胯自然做来，身体自然下蹲。可以连续顺时针转下去。（图种瓜点豆 1~13）

当然，需要换向（逆时针旋转）要转到

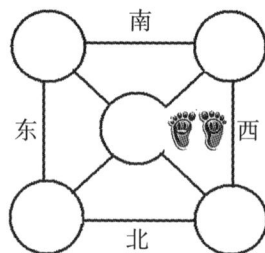

种瓜点豆 1

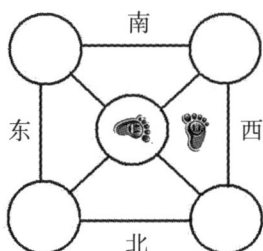

种瓜点豆 2

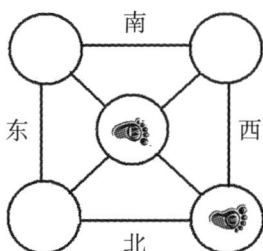

种瓜点豆 3

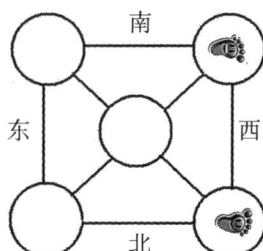

种瓜点豆 4

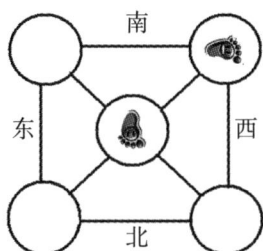

种瓜点豆 5

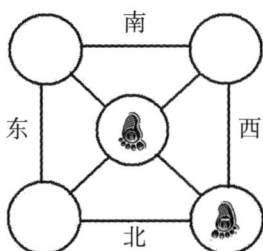

种瓜点豆 6

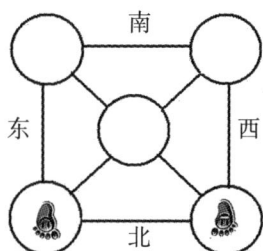

种瓜点豆 7

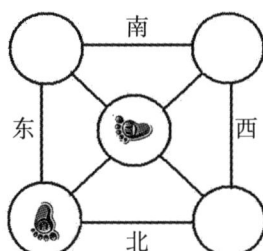

种瓜点豆 8

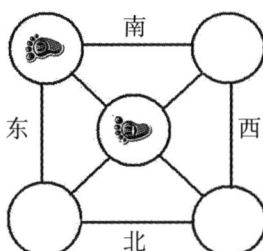

种瓜点豆 9

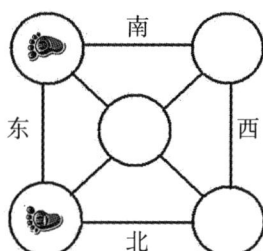

种瓜点豆 10

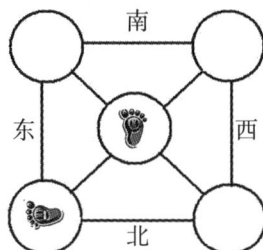

种瓜点豆 11

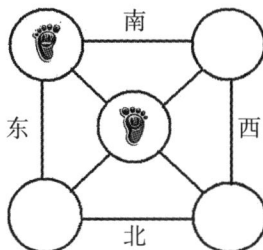

种瓜点豆 12

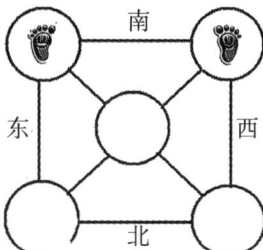

种瓜点豆 13

身面朝向南方定身之后，再按照上述要领反着练习。因叙述繁复，到此为止。

关于立桩，有如下说明。

（1）固定木桩，四角桩高3尺，中心桩高2尺7寸。

（2）逛荡活桩，四角桩高3尺，中心桩高2尺7寸。

（3）弹性藤桩，四角桩高3尺，中心桩高2尺7寸。

立桩四角一定要同高，中心桩适应一定高度后，可以增高或降低。熟能生巧，练者当体悟变化。

隔星越位顺时针转法，参悟七图（图隔星越位顺时针转法1~7），它有规律地旋动，更加强练习的乐趣。

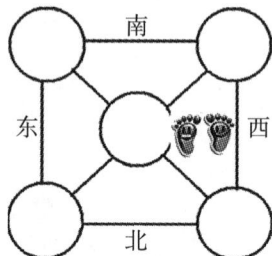

隔星越位顺时针转法1

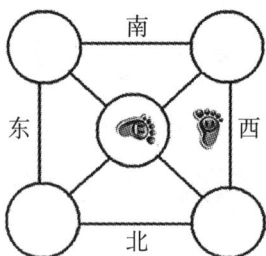

隔星越位顺时针转法2

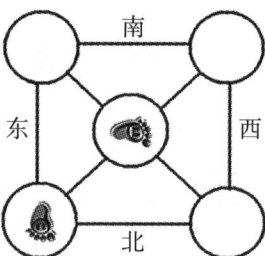

隔星越位顺时针转法3

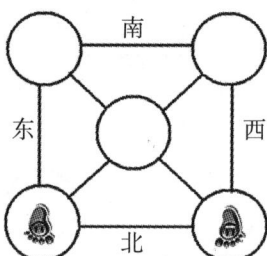

隔星越位顺时针转法4

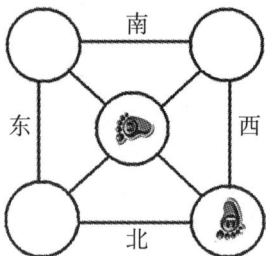

隔星越位顺时针转法5

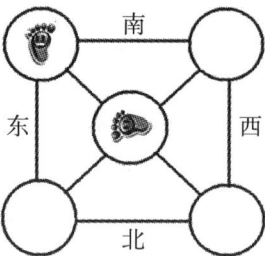

隔星越位顺时针转法6

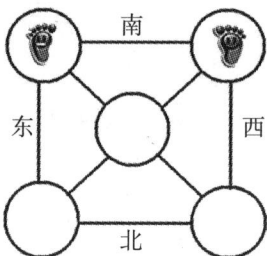

隔星越位顺时针转法7

连续操作，面向南方收。

隔星越位逆时针转法，参悟七图（图隔星越位逆时针转法1~7），它有规律地旋动，更加强练习的乐趣。

连续操作，面向南方收。

以上介绍的是移踏法，还有跳跃法，当令研之。

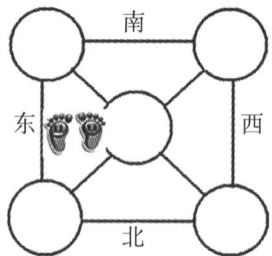

隔星越位逆时针转法1

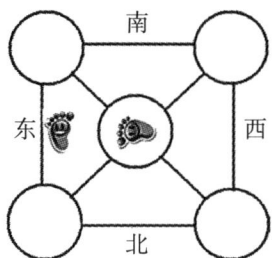

隔星越位逆时针转法 2　　　隔星越位逆时针转法 3　　　隔星越位逆时针转法 4

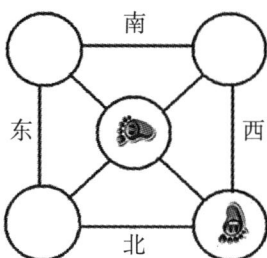

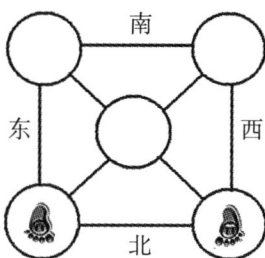

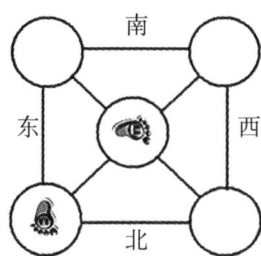

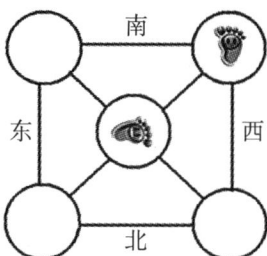

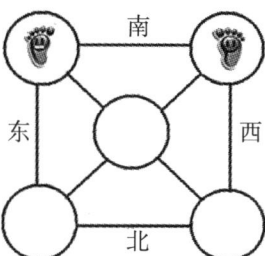

隔星越位逆时针转法 5　　　隔星越位逆时针转法 6　　　隔星越位逆时针转法 7

虚领击空

此乃"开手"训练，为功夫修炼之入阶，俗称"打空"，它是以手、膝、足空击目标，近物不触物的一种练功方式。其创意为虚实巧用，配合身形的变化，以快、闪、脆、韧之劲路，调动内气与外力，使身体在运动中掌握动作技巧、控制平衡。

记得当初学时，童龄稚心，常以之为游戏，然而入得法来，就知道了虚打比实打难得多。

练功环境是在早、晚天擦黑时，特别是在有气流推动目标摇摆时，不可接触目标。这样可以提高炼功者的目击力，培养良好的心理素质和应变能力，使身体更灵活，可以说这是一项很好的基本功夫。

准备：用细红绳吊起一枚方孔铜钱，定为打空目标，铜钱高度一般在胸腹上下，亦可因势调整，自然站立，心量目测目标。

动作名称

1. 划掌　2.扇推　3.顶肘　4.点睛　5.起膝　6.合踢　7.舔擦

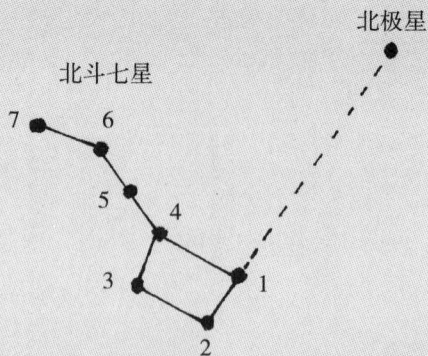

北极星

北斗七星

7　6

5　4

3　　1

2

1. 划掌

慢中见快，单掌做划、片、搓、推、旋、缠诸法，身形翻转随意应变，左右掌交换做为妙，眼神相随，练者可观察图片习之。（图划掌）

划掌

2. 扇推

高马步，身轴旋动，形如神龟膀臂摇曳，而两掌亦自然阴、阳转换，眼神相随，架势要圆活，练者可观察图片变换方位连连习之。（图扇推）

扇推

3．顶肘

连连扇臂，以肘尖空击，或快或慢，或前或后，转换身姿，式之高低变化随心做来，眼神相随，另一只手在下照应，练者可观察图片不断变换手臂习之。（图顶肘）

顶肘

4．点睛

两手舞花，速起腿以足尖点向目标，身稳应变，心随式起，左右腿歇换做之，眼神相随，练者观察图片习之。（图点睛）

点睛

5. 起膝

两膝交换空抵，似跳非跳，轻灵落步，训练有素者频频做来，眼神相随，练者注意观察图片。（图起膝）

起膝

6. 合踢

起腿里合，足尖扣扫，两臂掌开，为之平衡，身形调稳，左右歇换做来，眼神相随，练者观察图片习之。（图合踢）

合踢

7．舔擦

两腿足交换起落，神情安稳。以足掌上舔下擦，或左右似钟摆擦抹之。两臂掌平衡稳定身形，眼神相随，练者观察图片习之。（图舔擦）

舔擦

以上是最基本的练法，不拘于此。所列图文虽然简约，但是，只要用心做来，就会有收获。

如果是两人练习，一人拉绳调控制钱高低，更有乐趣，但一定要注重所出之手的阴阳变换，万万不可出手落空拉回再击，应在出手刹那间转换，阴掌换阳掌、阳掌变阴掌。要做到环转无暇如太极圈，心神专注，气息自然调整。

练者如能悟得此中道理，就能举一反三，变化出更多架势。

心纯式正，待熟练之后，可以起吊二枚或三枚、四枚铜钱，设铜钱高低不同，布位前后、三角、四方，人在其中，以进退、穿梭、转换、旋转等身形出现，并施以各种手法、腿法相继做来。

不言而喻，只要认真修习，定能练出功夫，使身体灵巧，心思敏捷，拥有健康的体魄。

单操手功

单操手

1. 灵猫扑鼠

　　蹲身左右扑抓，按示意图（灵猫扑鼠行运路线图）行运，在顶端收身独立，随之逆向紧转身，再左右扑抓之。熟练后，再倒身行运（诸向

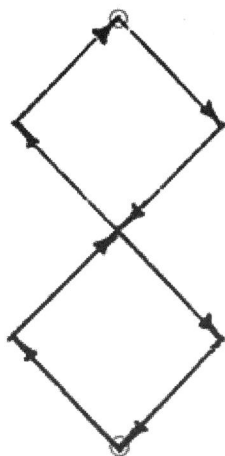
灵猫扑鼠行运路线图

灵猫扑鼠 1

灵猫扑鼠 2

灵猫扑鼠 3

灵猫扑鼠 4

灵猫扑鼠 5

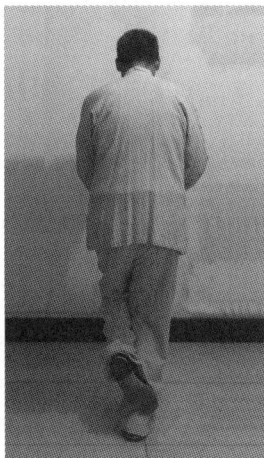

灵猫扑鼠 6（5 背面）

皆反也），眼神随形。（图灵猫扑鼠 1~6）

　　要点：紧转身要敏捷利索，轴身为之，此"玄"字功也！

2．闪星耀月

把正方形按对角线划分为四个对顶等腰三角形。

按虚实箭线标示，先掌握一个三角形移运之法。

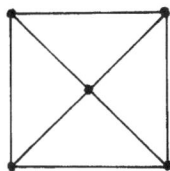

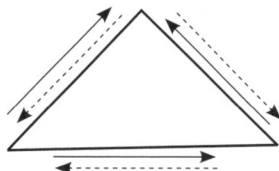

正方形　　　　　　　　等腰三角形

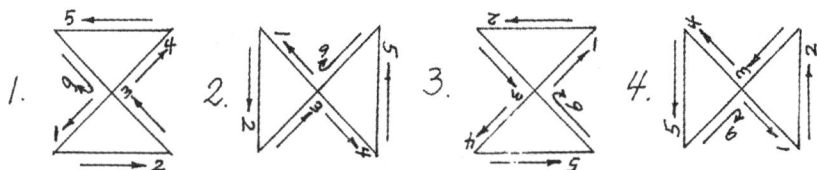

闪星耀月移运路线图

按示意图号码及方向，先静定中央，再寻数字箭指路线移运，两个对顶三角形有五个顶点，须六步。

巧妙换身，接续移运下一对顶三角形。

要点：连续移运四个图形，一气呵成。

移形平稳，式高低、快慢随意，仪表安详。臂掌自然摆动，眼神随形。（图闪星耀月1~2）

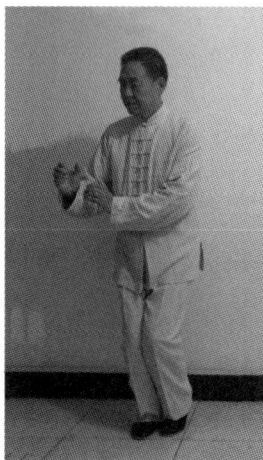

闪星耀月 1　　　　　　　闪星耀月 2

3．狮子滚球

狮子滚球

"之"字路线前行，臂掌摆荡呈左右抱球状，往返操之，眼神随形。（图狮子滚球 1~4）

要点：身轴旋动成形，足下有踢、趟、扫、挂之功。圆臂滚肘，两掌撑抱。

式高低、快慢随意。

狮子滚球 1

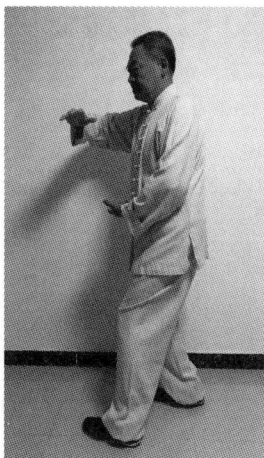

狮子滚球 2

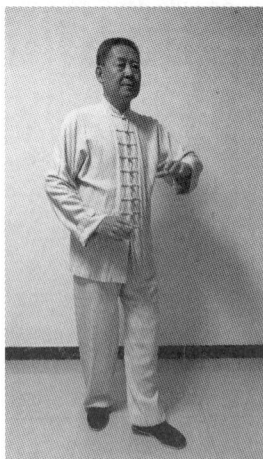

狮子滚球 3

狮子滚球 4

4. 马蹴落花

正身向南，站定中宫位。（马蹴落花蹶踢移宫图）

（1）从中央运右腿左转进身落足向东南
角位，然后，速起左腿带胯开膝并以左足跟
蹶之。（图马蹴落花1~3）

（2）左足踏落，背倚靠之，稍静，移右
足进中宫，接着，速运左腿右转进身落足向
西北角位，然后，速起右腿带胯开膝并以右
足跟蹶之。

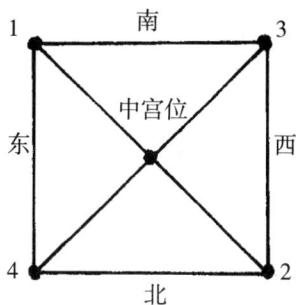

马蹴落花蹶踢移宫图

（3）向西南角位转身起腿，速用左足跟蹶之。

（4）向东北角位转身起腿，速用右足跟蹶之。

眼神随式而变，蹶踢四个角位，有不述者，练家多悟勤习。

要点： 移宫转身迅速，起腿开膝要得体，力导足跟蹶之突然，踏落
时背倚身靠不可忽视。

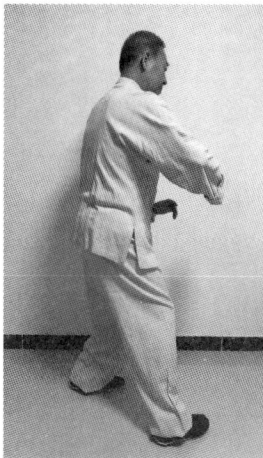

马蹴落花 1

马蹴落花 2

马蹴落花 3

5．童子踢桩

左右斜开进身钉步，适时起臂击掌与夹裆收膝贴踝，速踢足跟腱处，此谓之踢桩，眼神随形。（图童子踢桩1~2）

要点：钉足抓地，踢桩之足与起臂击掌两两脆快利索，两脚移步要稳健。

童子踢桩1　　　　　童子踢桩2

6．喜鹊蹬枝

开臂亮掌，同时提腿屈膝蹬足，十字进中，眼神随形。（图喜鹊蹬枝）

要点：任何方位，及时出击，高低可行。

金猴摘桃

7．金猴摘桃

左右跃步，拱臂猴形，趾步坠肘，双捋掌护胸中，眼神随形。（图金猴摘桃1~2）

要点：意钻式闪，进退自如。

喜鹊蹬枝

金猴摘桃 1   金猴摘桃 2

8. 摩云荡手

开步拉架身轴旋动，两手捧抱而出，左右旋揉，眼神随形。（图摩云荡手 1~3）

摩云荡手

要点： 旋揉勤练，体验旋揉升落运身多变之法。

摩云荡手 1   摩云荡手 2   摩云荡手 3

9．拐腿鬼脚

左右侧移，藏身跪步同时圈臂扣掌与圆肘栽捶。（图拐腿鬼脚1）

突然起身掏膝舔足，两臂扇开，两掌抹分。眼神随形。（图拐腿鬼脚2）

要点： 低身运式，蹬足力道沉稳，有锛有舔。

以上每式含义深刻，而且动作变化丰富，只有反复操练才能掌握。

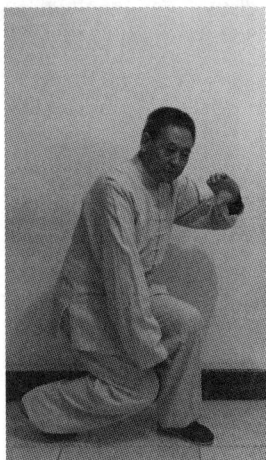 

拐腿鬼脚1　　　　　拐腿鬼脚2

采阳吞气

采阳吞气

起床净身，选空气清新的僻静之地站桩，深沉缓慢呼吸三遍后，稍息。

身向东方，迎旭光，即早晨太阳升起前后显有红光的这段时间，眼微眯，微抬下颔，鼓廉泉穴（任脉穴），收唇成扁圆口，再轻缓吸足一口长气。

然后，上唇压口、叩齿、闭腮，把吃入口中的气吞入（咽下）腹中。

此时，行功者要目注耳闻此气如珠慢慢滑滚而下，送到丹田处聚存。

如此九口，功长有素者，可听见体内之气珠咕咕响声。

练此功时，舌部有微妙之收与展，练者用心体会！

朝有旭光，夕有霞光，夜有月华、北斗星光。要择机而练，功久可成神仙之体。

捧莲击掌

捧莲击掌

现今在公园中常见中老年女士拍手并齐诵歌谣，以此锻炼身体，在公共场所产生噪声，与清静优雅的环境不协调。

我少年时所学"道功铁砂掌本初之捧莲击掌"，乃两手指弯，张开相捧，令劳宫穴含空相对，以撞两腕为主，大小鱼际也自然相碰。此动可引十指弹触，虽轻微出声，但清耳除鸣，使操者心脉通顺，养肺护脾，清胃平肝。手三阴、三阳开畅，亦提神醒脑，闲暇时每每操作，可提高健康水平。

捧莲击掌

此道宗武技养生，凡操"铁砂掌"宜先练"捧莲击掌"以求适应，故称为本初之法。捧掌可以在身前平伸或当胸立起，勿令紧张。

铁砂掌功

铁砂装在尺方帆布袋中，平放在 2 尺 2 寸高的案几上。

练者骑马蹲裆，身体自然放松不着力，调匀呼吸。

略息，做下面三个动作。

一手臂从身侧向后抡起至头上方，然后，五指自然张开，速向铁砂袋拍击。此动要用意着力。

稍息，收掌拢指折小臂，手掌向另一侧耳额处，手背朝前。

略停，用意着力，掌背速朝铁砂袋揎击，到位时掌指伸开。

稍息，转掌提臂向上，手指下垂成爪，提过昆仑（头顶），此时，身随势向上长，闭息一下。

然后，龟指速向下剒（cuō）击铁砂袋。如此左右手按序练习，有意自然生力，呼吸亦会自然得法。

此功内外兼修，对物有透力粉体之功效。

练此功者，应备有活血散瘀、消炎止痛之方法。

较技

搊（zhōu），《现代汉语词典》解释为"从一侧或一端托起沉重的物体"。搊杆，属对阵较技功夫。

取七尺杉篙为活桩，有单人扶杆练习及两人或三人的合练，其功用为搊为夺为击，且互为用之。

第四章 拳学精技

拳式二法

　　道门盘技功夫——九宫八卦拳，历代从学者，均承师辈身传口授，拳学之精微奥妙处，必须心领神悟和不断地钻研勤习才能获得。

　　今以图文形式，将"青龙探爪"和"二龙盘飞"展现出来，为传承学练之用。

青龙探爪（青龙探爪轴身转）

青龙探爪

　　此为九宫八卦拳的本源，其动作质朴简洁，涵盖拳技之精华。

> 拳技：乾卦含离卦。
>
> 歌曰：青龙真阳潜水中，翻浪升天灵自生。
>
> 　　　云隐火现游莫测，神睛威爪探长空。

1. 潜龙初现

　　溜掌起手无极而生，桩、功同练可防可攻。此时，身面向南，掌起东南。（图潜龙初现1）

　　初练时以静生动，呈左掌在前、右掌稍后，两掌相距一掌余，先在腹前停留，之后起至胸高，眼神和气息随之，顺腕前指。

起手要反复习练，起、落次数最少要九九之数，快慢间作，逐渐掌握肩、肘、腕、掌的松活，做到伸缩自然，气息与柔韧之劲路才能得到调整。（图潜龙初现2）过去操功为负重练习，如手持青砖。

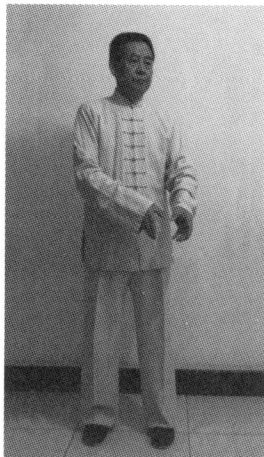

潜龙初现1　　　　　　　　潜龙初现2

2. 青龙探爪

接着，前伸之手臂回收，弯臂垂肘沉腕，两腿弯曲夹马下蹲，同时，左脚内扣。

由潜龙初现2到青龙探爪1，按上面起手的要领反复送、收，进一步掌握动势。逐渐把握丹田呼吸与弓脊，神态自然，劲力含蓄。这段话说的是单操。

随后，左脚捻地、脚尖外撇、足跟沿右小腿前升起到膝盖前，与此同时身轴向左拧动。左前臂收曲，掌起高同胸，右后臂弯曲横在胸前方，掌心对左肘。（图青龙探爪2）

轴身左转带掌探爪，到极点时自然踏落，由此拧转力产生。乘此劲路把握紧身小步势头，使旋力不断而形成周转，先逆时针转行数圈，而后变为顺时针转行。

行运至身面向南，臂掌由东南松落在小腹前，再云起双臂掌指向西

青龙探爪 1　　　　　　青龙探爪 2

南，此动为自然变身，接着，顺时针行运数圈再连环变换转向。此乾卦生，眼神相随。

　　由于轴身行运受个人肩、胯尺幅的约束，两腿荡移势必形成弧线，在两脚不断寻位踏落时圈行在地。这个圈如太极，轴身行运八方合九宫八卦。转行时，前手之肘，对下移行后脚足跟，即：肘向地，轴身旋。后手护前肘、肋，在不断转行时，前手掌弯扣如月升，后手按推如云飘，故拳谱云：云赶月，势追风。

　　接续上面动作，身轴拧转，左足踏落，前臂肘尖与右足跟上下相照，

　　腰转带右腿、右足自然弧线行进，右足踏落，身面亦拧转，此时，前臂肘尖与左足跟上下相照（图云赶月，势追风1~2）。

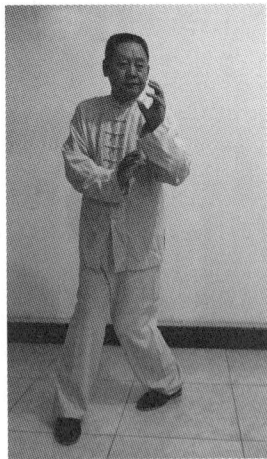

云赶月，势追风 1　　　　　云赶月，势追风 2

为了方便读者理解，拍摄两张正面照片展现出来。行运时应各处观察，神形兼备。

起手为溜掌；两掌在小腹前一前一后，掌心均向内，留有一拳距，后掌指对前手腕。掌可上可下为溜，亦为留，可起可落，如月如云。起手要反复操作，体会变生之法。

> 盘技歌曰：天盘松，地盘定，人盘控。人盘一拧动，地盘荡旋行，天盘雷雨风。
>
> 天盘松：入门初学者，肩、臂、掌要用意不用力。
>
> 地盘定：为桩，一旦得功，两腿足荡旋行进，能产生踏入犁出、腾跃之技。
>
> 人盘控：腰胯合裹、脊骨扭动身轴有之，身体上下产生螺旋力，随时日增长，内气通达，筋骨肌腱自然得力。

易解拳式

由静生动，从双脚自然分开到起手的潜龙初现 1，其式如"潜龙"，这时，应以"勿用"待动，故掌式为溜掌，要神安意静，松顺手指并沉腕向下，两脚平开，稳稳当当。此形有龙潜隐，易卦为乾卦初九。

假设敌方在前，面对不动声色的我，他不敢轻易进攻，因溜掌可进可退，不可捉摸，再加上我的脚步可以轻松移动，能使自己攻防自如。

潜龙初现 2，比喻龙有真阳真火不惧深潭之水而升腾，拳学呼之为"遛掌"，即两掌在下顺腕而起并向左前上方弧线伸出，显形如此，实则是加意开肩运肘而出现的向前递掌。拳谱云："起手要起、落九九之积数"，说明溜掌到遛掌的练习不是一下就成架，而是需要九九八十一动之多的反复练习。劲道柔韧得体，眼神随形。熟练之后动幅与频率适己逐渐调整。

上面动作寓意"出潜离隐，起手要适时"。再者还要谨慎面对，时时警惕，妥善处理。

接下来的青龙探爪1，是两肩放松、落肘合肋，双掌回撤立起，掌心含空、拢指弯曲似龙爪抓收，腿屈坐、一足扣，此掌式拳学呼之为"留掌"，周身蓄力不懈。

脚步不动，双手反复操练起、收，如是青龙探爪。此动起手出掌要肩臂送力，抖腕掸指，而收手则是松肩、沉肘、坐腕、手指上扬。起、收手式之高低与所行弧线自然调整，速度的快慢与劲道的刚柔要适时变化，不可呆滞。眼神随形，呼吸自然舒顺。

此处含义为：虽处有利形势，但仍需斗智斗勇，不可唐突行事，注意稳定心神，中正和顺，离丽光明之态。

以上两动均为单操，务必认真做来，练者需体会劲道、气息的变化与身体松活、紧韧的程度。

随后，敛足、拔腿、拐踝加上身轴左拧，成青龙探爪2，逐渐掌握动作的协调、轻巧，身手松紧得体，蓄势待发。接下来的动作是：身轴拧力带动腰胯开合，腿足自然寻位移踏，此旋力上身并有肩、肘、腕、掌的得气得力，再有"云赶月，势追风"的意境，练家自有心神舒畅、气力整合的态势，同时，两小臂一竖一横滚力生成，肩、肘划摆，气行胸，气贴背，顺脊蹲身旋行势如飞云，数圈下来，沉臂落掌形似卷浪流水，又一往复也。

此谓乾卦炼身，离卦修心。

可以成桩练习，体会武技含养生，养生有武技的功效。

二龙盘飞（五龙扎眼蛇吐信）

二龙盘飞

由龙、蛇之形成式，拳势变化亦隐亦现，劲路收放得体，架式紧凑连环。

> 拳技：坤卦含坎卦。
>
> 歌曰：缩骨展筋云生风，威爪扎眼现蛰龙。
>
> 银蛇吐信缠丝柳，阴阳相摩首尾应。

1. 蛰龙再现

阴掌双托，右下左上，两掌劳宫穴相透，坤卦显。（图蛰龙再现1）

左穿、右按，两掌得势，左臂角折肘垂，肘尖对右臂横护之阳掌，眼神扫视右臂拧卷之掌。此时，腿自然弯曲，左足内扣，身轴着意左拧。（图蛰龙再现2）

 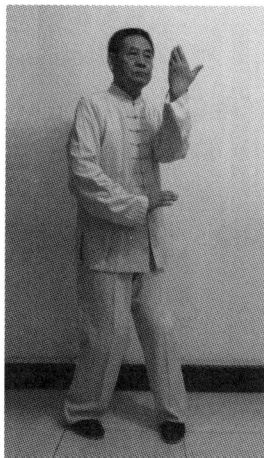

蛰龙再现1　　　　　蛰龙再现2

2．五龙扎眼

轴身逆旋紧体小步，最多三步如风卷云翻，两臂起，右臂横起滚小臂、亮阴掌，左臂下落，左掌紧随停在右小臂外，掌心向外，腿足得势屈坐。（图五龙扎眼1）

不停，右掌右上圈弧并速垂肘，两腿蹬力，成突现龙爪，掌心含空高对面部，左掌自然收按在右肘内。武技用法为五指抓敌之面部、眼、喉。眼神相随。（图五龙扎眼2）

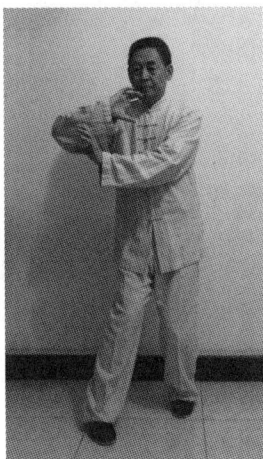

五龙扎眼1　　　　　　五龙扎眼2

3．白蛇吐信

紧接着右手抓、扒、撕、拉，沉于腹前，同时，左手托升二指前穿。此动两臂掌刚柔互补，慢中见快，眼神相随。

适时顶膝更为紧凑，另有起腿飞足、旋钻扑掌而击之脆快操法，须渐悟而习。（图白蛇吐信）

白蛇吐信

4. 银蛇盘柳

身沉左转变式似扑左腿，顺势内折单臂下按左掌，掌心向身后，右臂顶肘开掌停于胸口前，眼神随扑腿按掌。（图银蛇盘柳1）

而后缩身紧抱，左手在右肩头掌心朝外成抓掌，缩身圆背，气定人静，眼向侧视，同时，敏敛右足轻点在左足内，成下蹲式静收。（图银蛇盘柳2）

势不可断，紧接下式。

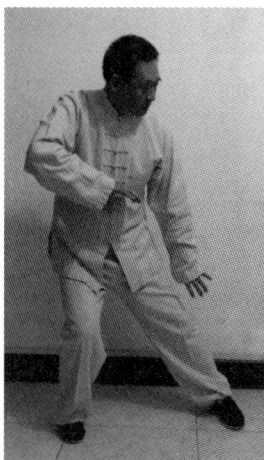 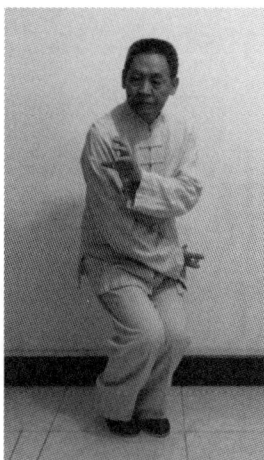

银蛇盘柳1　　　　　　　银蛇盘柳2

5. 蛰龙再现

开右腿滑足摇身抖展，此为两肩开膀松活肩头，双臂角折速顶两肘，急收两掌聚于胸腹前。（图蛰龙再现1）

继之轴身右旋，腿足、两掌得力，滚背圆肘而起。此时，身低臂掌垂沉，龙爪显威，眼神相随。（图蛰龙再现2）

再自然右旋待面向南时，收身而归，随后，接做两手阴掌双托，反向行运之。如前面图文所述，只是方向相反。

蛰龙再现 1   蛰龙再现 2

易解拳式

蛰龙再现阴掌托抱，神态和煦，一掌由下向上翻卷而出，旋身坤步点移，加上云掌滚臂扑击，灵巧敏捷，似乎不动声色，而五龙扎眼已至面前。此两动连续行之，体会阴柔中有阳刚的劲势。故曰：随坤卦而生坎卦。

白蛇吐信架式有上、中、下三路出击。银蛇盘柳 1，图形有扑步与按掌，而八卦拳者，较为细腻，扑步是左腿向后与左足蹬踏而成。按掌是右掌内旋近胸捋摔与左肘撞顶并摆臂向下而成。

下面的银蛇盘柳 2，图文所列虽然简洁，但是，精炼之处已然显现，所谓体用须长年累月锻炼。

谨记师训：拳术言功不言着，圆中求法自生妙。

八卦绵掌

童训三式

道宗古拳遵传载规矩，启蒙教习入手有诸法，"童训三式"为八卦绵掌初阶练手，下面以提纲方式列出。

轱辘锤

轱辘锤

① 环锤，② 抛递，③ 坠肘，④ 后撞，⑤ 抖插，⑥ 弹展，⑦ 独立，⑧ 顶心。

以丹田、命门吸凸之功，做快、慢、刚、柔、弹、韧、展、纳之形，逐渐获得神妙之法。

摸星星

摸星星

① 探起，② 云滑，③ 悠荡。

其功不紧不慢，脚步移动得神，自然寻星踏斗。

捻捻转

① 平搓，② 旋拨。

捻捻转

运转掌八卦，添阳补阴，三焦通顺，诸疾祛除。且反转拨拧开胸射肘与翻腕切手功夫可修。

以上动作形式，具丰富的武技养生功法，观者思之。

八卦绵掌

八卦绵掌

八卦绵掌，因其套路短、架小、紧凑，故常被呼为"小绵掌"。

其风格活泼大方，组式真朴，三字短句顺口入心，十六式演形充满雅趣，俗称此拳为"孩儿拳"。

十六式演形名称

1. 起揖礼	2. 转身封	3. 轱辘锤
4. 震脚崩	5. 落蝙蝠	6. 追流星
7. 拨浪切	8. 雷肘钉	9. 猿搬枝
10. 鹤翔空	11. 四方炮	12. 翻闪龙
13. 旋抱月	14. 带马行	15. 抖双鞭
16. 叉手躬		

1. 起揖礼

开步，双手在身前下方拢臂，右掌抱左拳，然后，式起七星而行揖礼。（图起揖礼 1~2-1）

势为抬头炮、冲天炮，行拳文雅，武技应用突然行之。

亦可自然站立，归中对拳在胸前。（图起揖礼 2-2）

随后，腰身稍左转，松肩沉臂运肘，自然开掌向左下沉，身随之，

起揖礼 1

起揖礼 2-1

敛足下蹲，行女子万福（蹲儿礼）。眼神随形。（图起揖礼 3）

可进退移步分别揖礼，练家体悟之。

要点：

揖礼动作从容大方，礼节男女有别，揖礼起如冲炮，柔中有刚，用之并不显现。蹲儿礼云手捋带自然。两者沉臂运肘，拳技在于精巧。

起揖礼 2-2

起揖礼 3

2. 转身封

轴身右转，云荡双掌向西方封手。（图转身封1~2）适时开步。

要点：

拳谱云："腰脊为轴。"腰乃腰胯，此为人盘；脊为脊椎，脊椎是人体中轴，人身挺立、俯仰，腰身拧转之力度调整，全在腰胯与脊柱支配；轴为中，轴转带动筋骨而变换身架。由此做到身形饱满，圆背环臂，气顺力贯。

"封"亦为"风"；"封手"之意为架势严谨，"风手"之意为动作迅速，应用在腰胯、肩肘亦然，开式则递及掌指。单操可以连环云手，或进退连环云手，高、低变化随意。

转身封1　　　　　　　　转身封2

3. 轱辘锤

掌变锤，圈转如车轱辘，臂肘摇动、身脊弓展，单运一口气，双锤在身前钻、翻、劈、砸，两足踏实，身体起伏全在两膝之弹。丹田呼吸自然有之。眼神随形。（图轱辘锤1~4）

要点：顺时针圈锤，多向翻转变化。由车轮旋转变化为"锦鸡争斗""二鬼掏心"，轮转向前。

轱辘锤 1　　　　　　　　轱辘锤 2

轱辘锤 3　　　　　　　　轱辘锤 4

要参透要义，然后单操此式，亦可逆时针圈锤，熟练之后就可了解体用之法。

4. 震脚崩

五图示范，两锤分落，腿足配合协调成式，眼神随形。（图震脚崩 1~5）

要点： 此动脚步移动轻灵，足、手齐击麻利脆快，精神立马提起，

震脚崩 1 　　　　　　　　震脚崩 2

 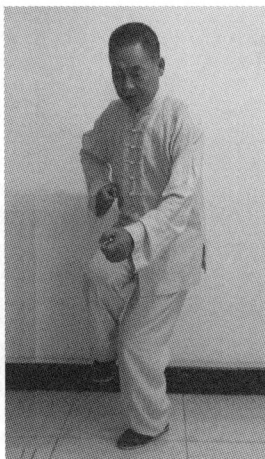 

震脚崩 3 　　　　　　　震脚崩 4 　　　　　　　震脚崩 5

震脚或踏足用之要巧、力度适宜。因恐文字叙述叠落不清，请仔细阅图，更为清晰明了。

5．落蝙蝠

　　轻巧移步，"麦穗拳"钻起，合臂转体插步（图落蝙蝠 1~2）。随后，两臂掌左右分抹，身下蹲，两腿盘根，两臂圆曲，两掌向下分按。眼神

落蝙蝠 1　　　　　　落蝙蝠 2　　　　　　落蝙蝠 3

随形。（图落蝙蝠 3）

要点：蝙蝠起轻落实，移步靠打，步眼转换要灵巧，后背松展，掌心吐力。眼神随形。

麦穗拳——中指、无名指、小指卷抵掌心，拇指肚推压食指，此拳小儿自然捏之。

6. 追流星

起身挽臂空拳，进左弓小步，两拳向左前方圈击。（图追流星 1~2）

要点：移步要轻盈，圈锤要迅速。开肋闪背，圆肘运锤，气脉合顺，腰肾固力，眼神随式。

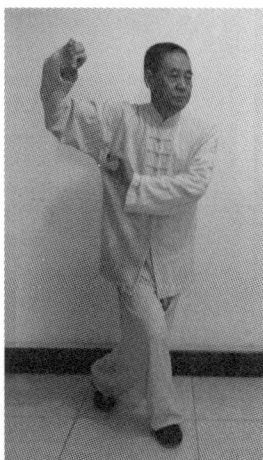 

追流星 1　　　　　　追流星 2

7. 拨浪切

两掌相抵，转动腰脊，带动臂肘摇摆，形成两掌拨、旋、捻、搓，在身前全方位动作。（图波浪切 1~4）

要点：动作要舒展大方，如儿童玩耍拨浪鼓，腰胯有开有合，身脊有转有弓，两掌顺逆翻变推、擦、拨、切，两臂似摇似摆。用点在肘，实用在掌。步有小弓、蹲裆、夹马，沉稳行架。头颈随式变转，眼亦随之而视。细心领会"呼""吸"之法度，此式掌动为运八卦转九宫。

四动务必认真，单操体悟之。

波浪切 1　　　　　　　　波浪切 2

波浪切 3　　　　　　　　波浪切 4

8．雷肘钉

动右足，向右轻移开步。同时，两小臂十字交叠，右手雷掌（五指屈折，掌心空含而露）。（图雷肘钉1）

稍停，做两小臂拧转，两肘左右钉射，上动同时带及两足向右横移，定式成骑马步，头随势右转，眼视之。（图雷肘钉2）

要点：练此式要求以意带力，培养静中求动，动中求静，应用在臂、肘、掌、身、步。

雷肘钉1　　　　　　　　雷肘钉2

9．猿搬枝

摆臂探掌攀抓，再碾双足，合胯抵膝，身架微蹲，两掌拉开成右托左压，亦有拧力（图猿搬枝1~2）。随之，变身左转，右肩背弓展，右胯臀倚顶。此动带两臂掌，两掌抓将从右肩前向身前东北之地，背贯而下（图猿搬枝3），眼神随形。

单操可左右式变换练习，着意腿足进中。

要点：做这个动作心要灵，手要巧，变相自然，用力柔韧着实。本式变着甚多，练者细心体会。

猿搬枝 1　　　　　　猿搬枝 2　　　　　　猿搬枝 3

10. 鹤翔空

合胯抵膝，腰身向右转动，两臂掌圈换。左掌起，右掌按于右胯前。（图鹤翔空 1）

待腰身转到正南方时，变左腿承重，身鹤起，左掌速击拍并落在右大腿面上。

同时，右掌向上穿升，停于头右侧上方，合拇指，收小指，其余三指向天。

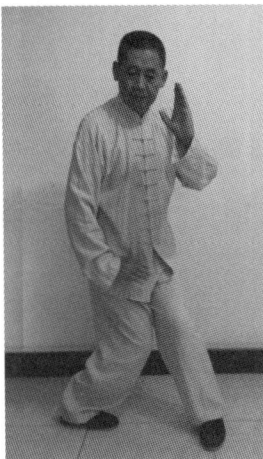 

鹤翔空 1　　　　　　鹤翔空 2

左腿自然伸立，右腿顶膝向前，成独立步。眼看前方。（图鹤翔空 2）

要点：此动用掌在豁、用膝在顶，式有旋有升，如鹤翔空，自然大方。

11．四方炮

踏落、移足、拐臂、横拳（图四方炮1），向左为紧门炮。（图四方炮2）

向右摆臂击拳，左拳追右肘，右小臂横。两足向右移动，右先左随靠，此动为闪身炮。（图四方炮3）

从侧面图（图四方炮3侧面）可见动作规范，左右轻身荡步，圆背行炮。

稍停，左足后移，同时，两臂速动，右拳下落击小腹，拳心向上，左拳顺势掏出向下劈落，身微低并有弓背缩腹之势，眼神向前下方。拳式到位，右足稍向后拉移，呼之为坐地炮。（图四方炮4）

稍停，左足向前跨出一大步，右足紧跟，身直立。同时，左臂圆屈向前上，左拳顺势拧转由下向上钻击，拳心向里，高在头前。

右臂亦横起在胸前上位，右拳心向下，靠近左肘窝。身式展伸提起，眼看前方。此动为冲天炮。（图四方炮5）

要点：此四方炮，腰胯动、身轴转及脊背弓展，为劲力收发，所行拳路及方位要精准。

步移荡身十字，式行四方，快中有慢且稳重，练者细心琢磨。

四方炮1

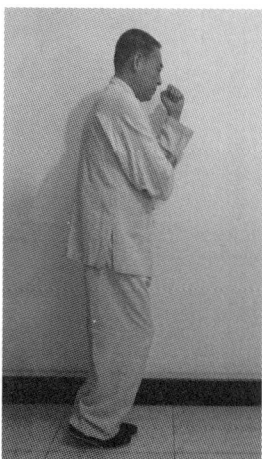
四方炮2

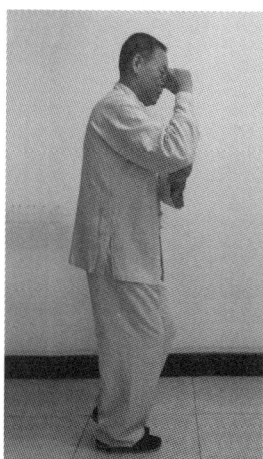
四方炮3

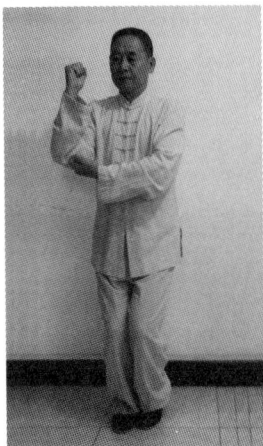

四方炮 3 侧面　　　　　　四方炮 4　　　　　　　　四方炮 5

12. 翻闪龙

起臂两掌向上托天，身右转。（图翻闪龙 1）

身体转势不停，身面随之转动，就在这时，一股伸展之力，由下而上经腰背传两臂到两掌（图翻闪龙 2），接着两臂掌及时向西下方摔扑，两足顺势碾转，随之架势落成缩身龙步（图翻闪龙 3）。

要点：此式腰胯要灵活，转身闪变要自然，龙形式可高可低。臂掌伸展及摔扑劲力要柔韧，眼神随势。

翻闪龙 1　　　　　　　翻闪龙 2　　　　　　　翻闪龙 3

13. 旋抱月

身起，两臂掌升（图旋抱月1），再逆时针摇动旋托右小臂及掌（图旋抱月2）。随左转身，两掌拉搓成抱裹式。两足碾动，右腿七分承重，左腿力支三分。含胸开背，两臂圆，眼神随掌动（图旋抱月3~4）。

要点： 旋抱动作要圆活，以腰胯左转带动身势，落掌柔韧有余，劲力收敛蓄发有度。逆时针在天，顺时针落地，摇旋之掌视之有别。

旋抱月 1　　　　　　旋抱月 2

旋抱月 3　　　　　　旋抱月 4

14. 带马行

左小臂内翻，手掌向下，右手掌压在左腕处，以其指力向胸中平带，边带边身拧，左肘向东划，身面短时转向南方（隐动图像在心中）。（图带马行1）

不停，向左摇动腰胯身脊，其势带两臂动，右掌推左腕，左臂

带马行1　　　　　　　带马行2

柔划，由身前向左运转。随之，起右腿右足，擦地运足如铁牛犁地，渐而提足并向东方踢击，随后提膝转身，横足向下踏落。（图带马行2~4）

这时，身停向北方，眼看西北，身蹲，两膝有夹马之状，两臂掌式如带马收缰。

要点： 这个动作，两手臂的翻、带、云（含两肘滑顶）及两腿足的趟踢收踏，皆在于腰胯及身脊的灵劲，用力要含蓄，气势要沉稳。

 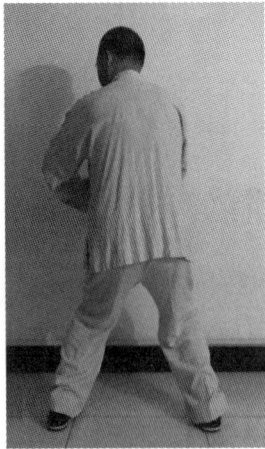

带马行3　　　　　　　带马行4

15. 抖双鞭

用意身起，两臂随之拱托，右腿起顶膝（图抖双鞭1）。

紧接着，速向右后翻身蹦步，随着右足踏落左腿顶膝而起（图抖双鞭2）。身面由北转向南方，在翻身落步之刹那，两手臂落，使小臂贯力疾快下抖，身蹲马步，沉两肩，反两臂，两掌圈指，掌心向后，气沉、势定、神安。眼视南方（图抖双鞭3）。

要点： 腰胯及身脊带形，起臂圆肘拱托，抖落双臂，松肩沉气，力贯臂掌。

抖双鞭1　　　　　　　抖双鞭2　　　　　　　抖双鞭3

16. 叉手躬

身起，收左腿，两臂掌从下圆抄，随之两小臂向上十字交叉。（图叉手躬1~2）

然后，两小臂滑开，成或抱拳或对拳的揖躬式，此动可有形或无形。可以直接滑臂落下，移动脚步站立如初，两掌自然垂于大腿两侧，面向正南方。（图叉手躬3）

要点： 钻法自然，不紧不慢。移步归位到起始处，脚步要灵活变换。

最后，宁神沉气，为收。

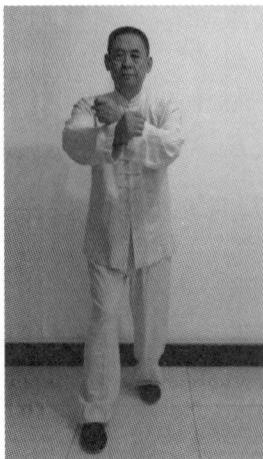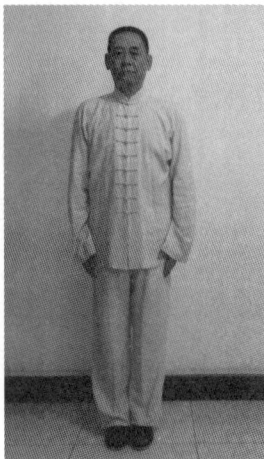

叉手躬 1　　　　　　　叉手躬 2　　　　　　　叉手躬 3

　　按传统，拳打两遍，熟能生巧，逐渐掌握呼吸之法度、劲力之刚柔。变化技术和体用功夫全在其中，单操为妙。

　　道宗传承武技拳路，操架熟后，再意变、神变，而后出新，非为一般架形变化，此为修炼也。

九宫十八手

　　九宫十八手按九宫方阵的排列顺序连环练习，正身、翻身连练两遍。转行九宫似穿桩盘柱，架式高低穿梭翻转，而且身手善变，腿法寓于四角。在长期的行拳体悟中，练者自然会熟能生巧、体用在身。

九宫十八手名称

1. 迎风挥扇	2. 燕子衔泥	3. 黑虎掏心
4. 白马蹴蹄	5. 野熊蹭背	6. 玄狐赶月
7. 风摆荷叶	8. 金猴坠枝	9. 猫戏飞蝶
10. 斗鸡击翅	11. 壁虎爬墙	12. 猛虎推山
13. 大蟒翻身	14. 白蛇伏草	15. 蜻蜓点水
16. 宿鸟投林	17. 狮子摇身	18. 五龙扎眼

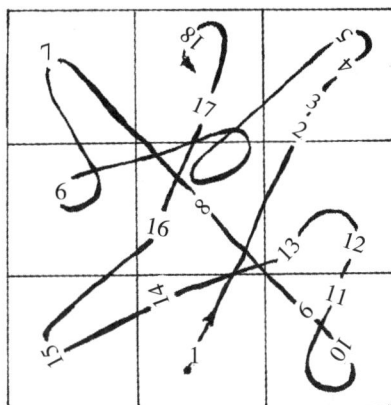

九宫十八手路数示意图

1. 迎风挥扇

在 1 宫位站立，左腿开步，同时卷托插送右掌，左手相随。接着，右足并步稍微蹲身，同时开扇敛掌，立在左胸前。稍停，进步滚臂云肘，双掌右推。（图迎风挥扇 1~4）

用法及要点：腰脊为轴，左右闪掌有化有进，圆肘含蓄。

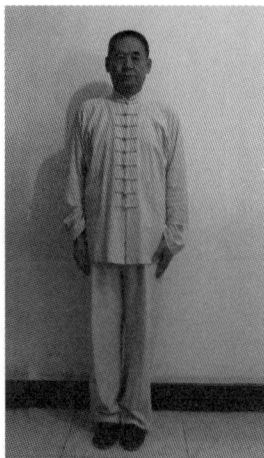

迎风挥扇 1

迎风挥扇 2

迎风挥扇 3

迎风挥扇 4

2. 燕子衔泥

连续小步向前移动，先旋托钻进右掌，再两臂交搓上穿左掌，眼神随形。进 2 宫位。（图燕子衔泥 1~2）

用法及要点：闪进横臂裹击，两臂掌出中入中，穿掌插断敌之喉颈，劲路绵韧，力道深透。

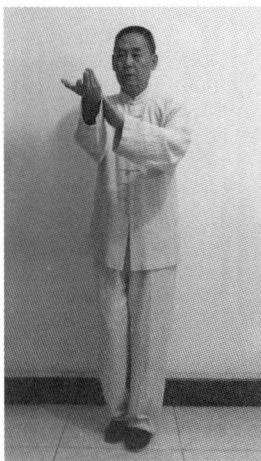 

燕子衔泥 1　　　　　　　燕子衔泥 2

3. 黑虎掏心

进步插掌，高在胸中。（图黑虎掏心）

用法及要点：五指齐插，破膻中入胸。进掌含有抓劲，或变拳顿击。

4. 白马蹶蹄

左转研身，圈臂圆肘，到位时背身向西南，稍停，急速开左胯、小腿折合、足跟蹶踢，松肩扇臂，眼神自然。（图白马蹶蹄 1~3）

黑虎掏心

白马蹴蹄 1　　　　　　白马蹴蹄 2　　　　　　白马蹴蹄 3

用法及要点：速起腿足，两肘钉射。

5. 野熊蹭背

左腿松，向后踏足而落，两臂收按的同时，身整体后拉以脊背靠之。式仍在 2 宫位。眼神自然。（图野熊蹭背）

用法及要点：式要沉稳，前按掌、后背靠。

6. 玄狐赶月

左腿右后插步，两掌压按，身连续左转并倒足移行，两掌同时圈揉将身旋至 3 宫位。眼随式动。（图玄狐赶月 1~3）

野熊蹭背

用法及要点：移步轻巧，荡臂圈揉旋身，起伏如飞轮。

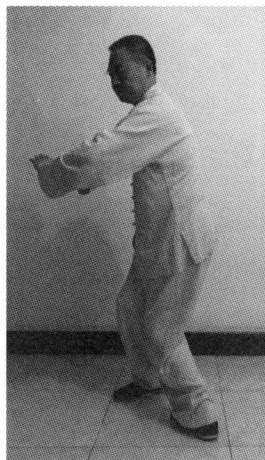

| 玄狐赶月 1 | 玄狐赶月 2 | 玄狐赶月 3 |

7. 风摆荷叶

接上动，右足前扣，两掌随翻，再向 4 宫移步，并右转身，圆臂肘，随后，速起右腿，两臂掌顺时针圈揉，足向东南。眼神随形。（图风摆荷叶 1~3）

用法及要点：云臂揉掌自然，肘、膝巧用，开胯摆腿力递闪足，身正式稳。

| 风摆荷叶 1 | 风摆荷叶 2 | 风摆荷叶 3 |

8. 金猴坠枝

接前式，右腿下落后踏蹲身后坐于中宫（5宫），两肘后挫，两掌抓捋收在腹前，眼视前下方。（图金猴坠枝）

用法及要点：后撤身落步要轻灵，两掌抓捋由高处坠下，两肘得力后顶，两小臂自然夹于腹侧。

金猴坠枝

9. 猫戏飞蝶

左转身移步并起臂掌捋劈，进入 6 宫位。（图猫戏飞蝶）

用法及要点：轻灵跨步入宫位，靠身划肘要自然。

10. 斗鸡击翅

右转身进步按下雷掌，然后，端臂顶肘起雷掌，同时，左腿抬起，稍停，突然扣下雷掌，同步向西北方蹬足。眼神向前。式在 6 宫位。（图斗鸡击翅 1~2）

猫戏飞蝶

用法及要点：雷掌与蹬足劲道疾顿弹韧。雷掌为五指节弯曲、掌心空。

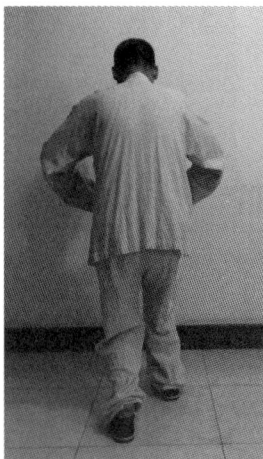
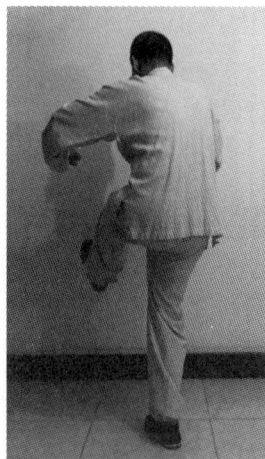

斗鸡击翅 1　　　　　　斗鸡击翅 2

11. 壁虎爬墙

　　扣步右转身，起左掌向右下抹，身正时起右掌向左下云抹，此谓之爬。眼神相随。式仍在 6 宫。（图壁虎爬墙 1~2）

　　用法及要点：两臂顺逆时针运臂爬掌，势在升。肘垂划臂摩两肋，身脊自然摇转。

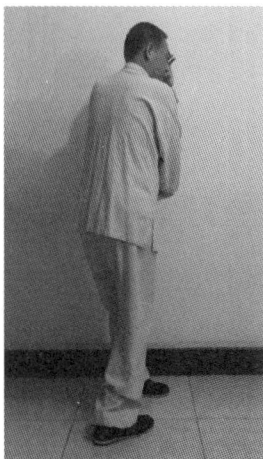

壁虎爬墙 1　　　　　　壁虎爬墙 2

12. 猛虎推山

两掌按下的同时身右转，接着，进左足蹲身并步，两掌对旋向前下方推出。眼扫视两掌。式在 7 宫。（图猛虎推山 1~2）

用法及要点：两掌旋推含有抱挤。

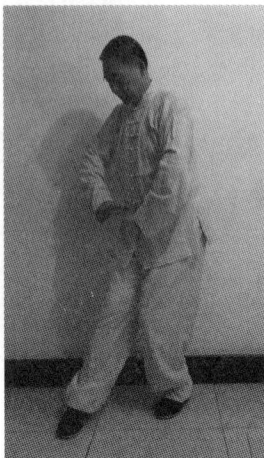 

猛虎推山 1　　　　　　　猛虎推山 2

13. 大蟒翻身

移步左向螺旋运掌由大而小，停式时左手推起右肘使右手收在脸右侧，上身稍向左斜。眼神随形。式在 7 宫。（图大蟒翻身 1~3）

用法及要点：移步与运掌配合协调。

大蟒翻身 1　　　　　　大蟒翻身 2　　　　　　大蟒翻身 3

14. 白蛇伏草

扑腿伏身，两臂顺式一线拉插，右掌背贴右腿，眼视右足前方。式向8宫行进。（图白蛇伏草）

用法及要点：扑腿、插掌自然利索。

白蛇伏草

15. 蜻蜓点水

上步进入8宫，两足并步蹲身，两掌心向上收夹小腹。（图蜻蜓点水1）

稍停，臂腿齐起，右足尖向前探点，两臂展升并速翻两掌，使掌心向下。眼视右足。（图蜻蜓点水2）

用法及要点：拱臂点足同时，身可以稍向后仰，两臂掌亦可配合后拉。

蜻蜓点水1

蜻蜓点水2

16. 宿鸟投林

收身抱拳、拐足，眼向右视。（图宿鸟投林1）

然后，斜身侧弓摆臂横拳，朝向 9 宫行进。（图宿鸟投林 2）

用法及要点：收身要稳，转身及时，横臂带靠。

宿鸟投林 1　　　　　　　宿鸟投林 2

17. 狮子摇身

扣右拳带摇臂，两拳相对，继续移步摇身、圈臂转捶。摇身进入
9 宫，两拳在身前相对，眼前视。（图狮子摇身 1~4）

用法及要点：摇身掏拳，转身带肘，步眼擦进，身钻如狮摇。

 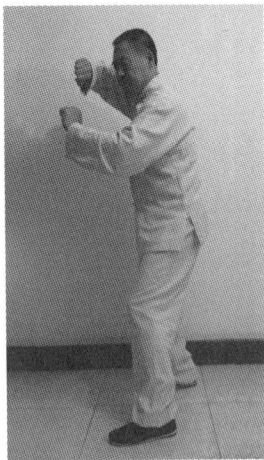

狮子摇身 1　　　　　　　狮子摇身 2

狮子摇身 3   狮子摇身 4

18. 五龙扎眼

起腿转身轴移步运掌，到 9 宫时已然转过身来，眼神随形。（图五龙扎眼 1~5）

用法及要点：转身掏掌，变身、扎眼一步到位为佳。

再接着做一遍，最后，巧妙收手如初式。下面照片略去，练者自习体悟。

五龙扎眼 1   五龙扎眼 2

 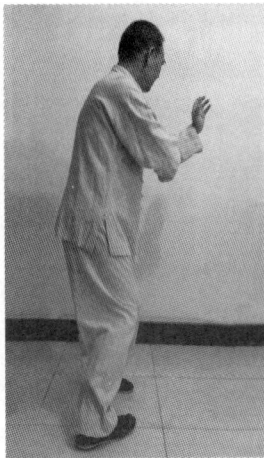 

五龙扎眼 3 　　　　　　五龙扎眼 4 　　　　　　五龙扎眼 5

太极连环拳

少年时，学练家传武技，外学太极拳。

伯父知道后，给我精细讲解了古太极拳功夫的修炼，使我受益匪浅。

1959 年秋，我动心自创编练"太极连环拳"，遵原传武技套路短小精练的特点，成式十八，可以连环演练。恩师也按本路拳法行功云架，觉得顺心合意，并说可以定形自习。

这套太极连环拳具有内外双修、体用结合的效果，且善变化。今书写添图，以利后学。

拳路名称

1. 无极生有	2. 狮子滚球
3. 揽雀舒羽	4. 金猫戏鼠
5. 鹞子归林	6. 银蛇伏草
7. 童子挽弓	8. 迎风展旗
9. 苍鹰落地	10. 拐捶跪交
11. 翻身进炮	12. 盘步摆荷
13. 左右穿梭	14. 喜鹊蹬枝
15. 七星指极	16. 闪转通臂
17. 运丹护顶	18. 掩心合手

1. 无极生有

先平心静气颐养精神，慢慢体悟微妙境地，再悠然起动，使之神入

形显。两腿微蹲，先足跟后足尖做双分足开架。（图无极生有 1~5）

　　要点：以意带形，天地一线贯通身轴，自然会有膝顶腘舒之动，两臂肘折曲、松落，配合身体二度之升降，可培养丹田、命门之呼吸，使内气运行、经脉畅通。成桩勤习，多体会静、松在身之用。

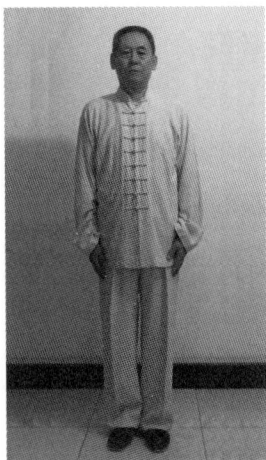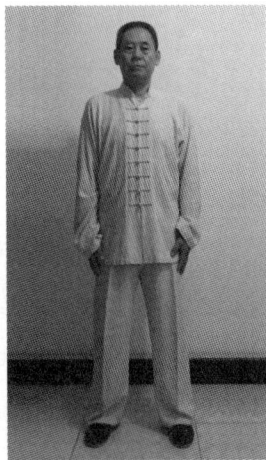

无极生有 1　　　　　　　无极生有 2

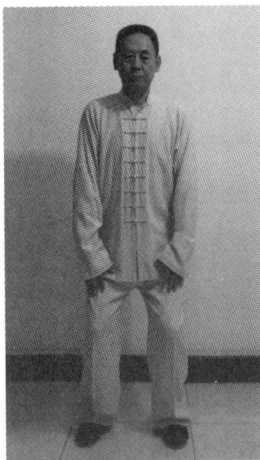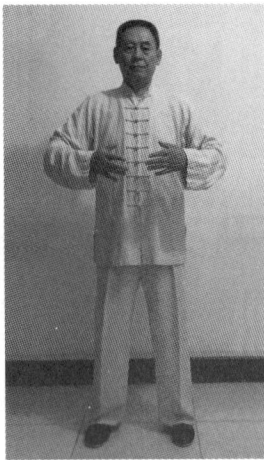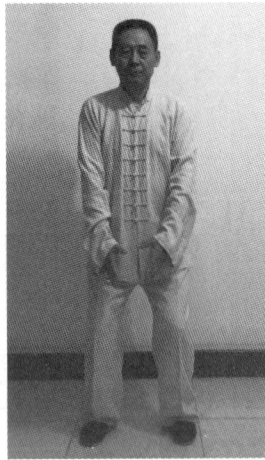

无极生有 3　　　　　无极生有 4　　　　　无极生有 5

2. 狮子滚球

腰脊为轴，身左右旋动并带动手臂，两手成抱球、揉球状，两腿弯曲随势变换，足有入地之感，练者要眼神随形。（图狮子滚球 1~5）

要点：前两式为"古太极功"，得其一，而知万法也。心意足，身形出，拳式高低、动作大小极富变化，会放能收，刚柔一体。

狮子滚球 1　　　　　　　狮子滚球 2

狮子滚球 3　　　　　狮子滚球 4　　　　　狮子滚球 5

3．揽雀舒羽

神形合一。身轴动，手臂旋，掌分缠，肘顶坠。揽者，拦也；雀者，切也。拳法阴阳变化丰富。眼神随形。（图揽雀舒羽1~6）

要点： 臂肘圆活，身手巧、细腻，动静、快慢变化自然，劲路不断。

揽雀舒羽 1

揽雀舒羽 2

揽雀舒羽 3

揽雀舒羽 4

揽雀舒羽 5

揽雀舒羽 6

4. 金猫戏鼠

先弓脊、沉臂、松掌，再提膝、翻旋两掌，而后，腿足踏落并沉肘抓按双掌，随后，左腿足后蹬并施以两掌捧推。眼神随形。（图金猫戏鼠 1~4）

要点：轻灵换步与臂掌巧妙应用，勤练多悟，细腻之处耐人品味。

金猫戏鼠 1

金猫戏鼠 2

金猫戏鼠 3

金猫戏鼠 4

5. 鹞子归林

峰回路转。身左转，不觉中移步，身已变向，两臂裹抱，气息自然。眼神随形。（图鹞子归林）

要点：身轴旋，步轻移，臂裹拳空，脊背圆阔，静息如宿鸟入寂林。

鹞子归林

6. 银蛇伏草

回身摆臂缠抱，收左腿再进左步，开臂分掌，进而轻移右步眼做旋揉探掌，眼神随形。（图银蛇伏草 1~3）

左右连环做来，要领同前。继而身轴卷臂，步轻式巧，劲道缠绵。反复操练，熟能生巧。（图银蛇伏草 4~6）

要点：身轴卷臂，先合后开，再以掌臂带身。

银蛇伏草 1　　　　　　银蛇伏草 2　　　　　　银蛇伏草 3

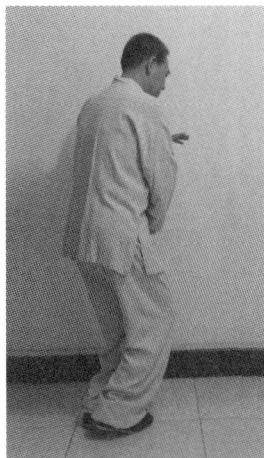

银蛇伏草 4　　　　　银蛇伏草 5　　　　　银蛇伏草 6

7. 童子挽弓

腰转臂膀开，左足进，两掌撑拉含蓄，脚步自然到位。眼向前视。(图童子挽弓)

要点： 转换自然，劲道沉稳，丹田吸。

8. 迎风展旗

起掌托、摆、翻、抹，带身顺时针转动，步眼自然移动。(图迎风展旗 1~4)

要点： 引巽风，轴身挥摆臂肘，身拧自然，换掌连绵，形开合大方、细腻。

童子挽弓

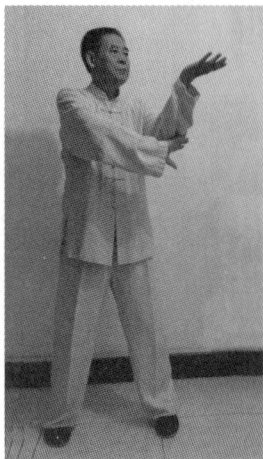  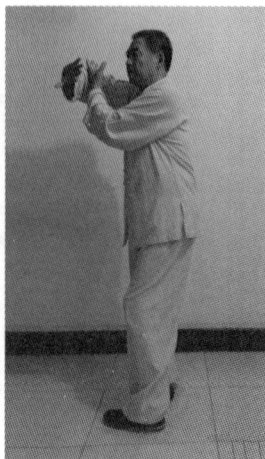

迎风展旗 1   迎风展旗 2   迎风展旗 3

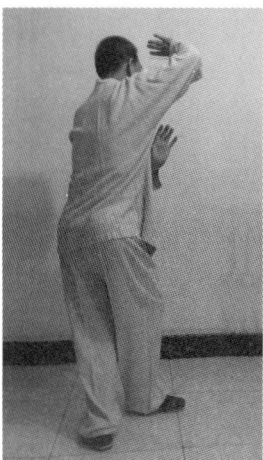

迎风展旗 4

9. 苍鹰落地

顺式蹲身分按双掌，眼神自然。（图苍鹰
落地）

要点：顺脊开膀臂，发掌入地。形定神凝，
调养气息。

苍鹰落地

10. 拐捶跪交

起身，收掌成空拳，对向神阙，并迅速顶左膝，紧收左小腿，用足跟蹶之。（图拐捶跪交 1）

落左步备拳，拐行跪膝，栽捶击打，眼神随形。（图拐捶跪交 2~3）

要点：连环迅疾，身开合有度，应用膝、足、肘、捶。

  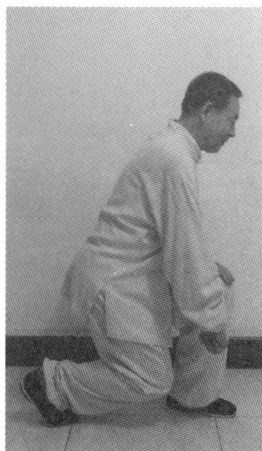

拐捶跪交 1 　　　　拐捶跪交 2 　　　　拐捶跪交 3

11. 翻身进炮

右翻身带臂肘，摇旋变身，两拳频出如炮，步眼踏实，眼神随形。（图翻身进炮 1~5）

见五图，移动脚步，安稳踏实。

要点：神意要足，式奇正相生。

翻身进炮 1 　　　　翻身进炮 2

翻身进炮 3　　　　　　翻身进炮 4　　　　　　翻身进炮 5

12. 盘步摆荷

轻巧移步，盘坐自然，眼随左右云掌。（图盘步摆荷 1~3）

要点： 放松臂掌，以意带形，掌握先盘后坐。

盘步摆荷 1　　　　　　盘步摆荷 2　　　　　　盘步摆荷 3

13．左右穿梭

虽穿梭为运动臂掌，但此动之完成全赖腰身巧妙旋转，移步要轻盈。
（图左右穿梭 1~5）

见图细察，云臂摇身如龟，腿足先左后右自然变换。

要点：势如穿梭，巧妙运肘推掌，拳法细腻，眼神随身动而变。熟练后，再运行八方，四隅穿梭。

左右穿梭 1　　　　　　左右穿梭 2

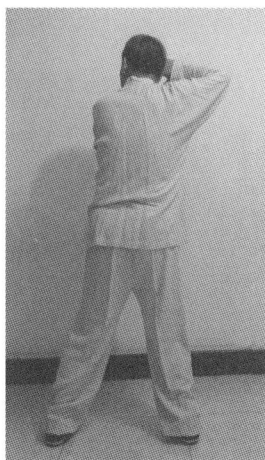  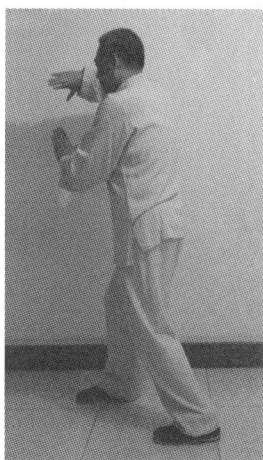

左右穿梭 3　　　　左右穿梭 4　　　　左右穿梭 5

14．喜鹊蹬枝

左回身轻落步，两掌迅即抓捋，空拳护神阙，再滚双臂，分扑双掌，同时提右膝蹬腿。眼神随形。（图喜鹊蹬枝 1~3）

要点：静、动自然，出其不意，开门见山，可用膝、足。

喜鹊蹬枝 1　　　　　喜鹊蹬枝 2　　　　　喜鹊蹬枝 3

15．七星指极

撤身落右步，紧体掩右臂，抓拳向北并担左拳，成十字锤。眼神随形。（图七星指极）

要点：臂裹背圆，合膝剪腿，丹田合命门。

16．闪转通臂

回身变步，转臂起掌，并迅疾外掸，再开步叉臂双托，随后，闪臂开掌，眼神随形。（图闪转通臂 1~4）

要点：右臂二度开展，一掸二闪，巧妙用肘，臂掌开合到位。

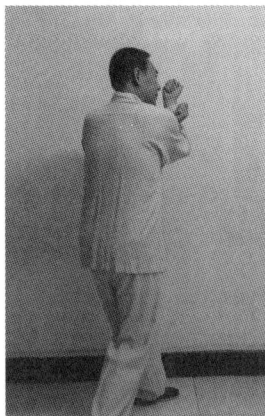

七星指极

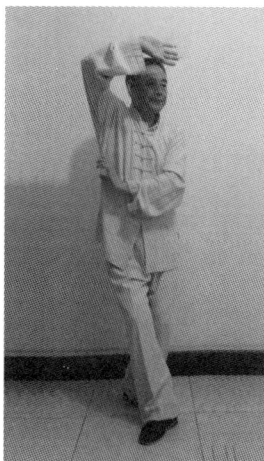 

闪转通臂 1　　　　　　　　闪转通臂 2

闪转通臂 3　　　　　　　　闪转通臂 4

17. 运丹护顶

两手捧抱丹田，托至膻中，再沉海底，如此二度，后起掌护顶。（图运丹护顶 1~4）

要点： 天地一轴，静动有为，可单操之。

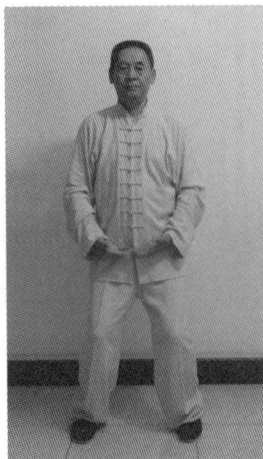

运丹护顶 1   运丹护顶 2

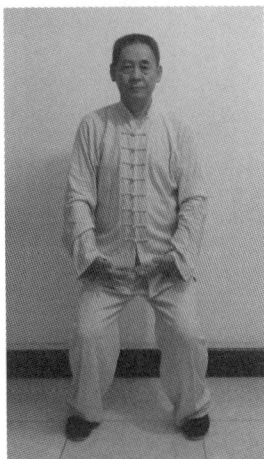
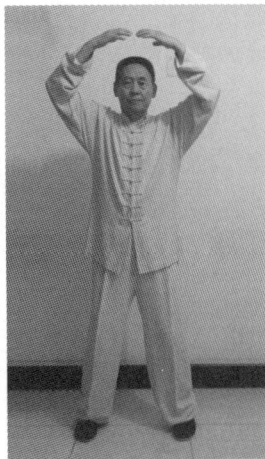

运丹护顶 3   运丹护顶 4

18．掩心合手

翻双掌托天，划运太极圈，画一大圆，式缓且慢，而后十字交臂掩心。（图掩心合手 1~4）

此时，两臂掌近胸，但要留空，神态自然。

接下来，两掌自然叠加，右上左下，劳宫穴相吸，虚合手。松静后，旋揉两掌落下，立身合太极。（图掩心合手 5~8）

掩心合手 1

掩心合手 2

掩心合手 3

掩心合手 4

掩心合手 5

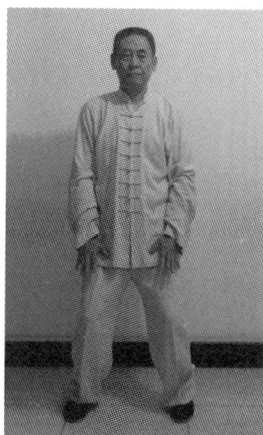

掩心合手 6

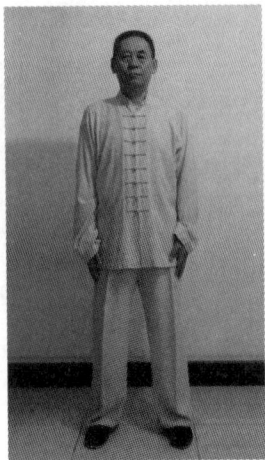 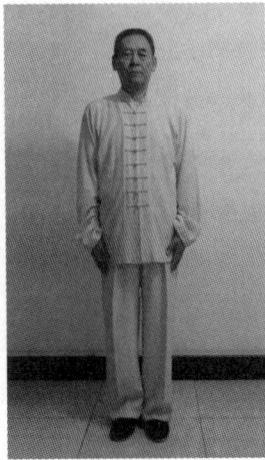

掩心合手 7　　　　　　掩心合手 8

要点：托天抄地，妙转太极圈，由动而静阴阳相合。

太极连环拳拳谱言简意赅，内涵丰富，只要按图之指示，式子单操，拳路连环均可。本谱为学练者留有空间，式虽二九，但勤练至熟可以生变。

秘授倒转

秘授倒转是九宫八卦拳的独特操功技艺，历来不外传，只有对正式拜师递帖，且拳技精熟者，师体察徒轴身功夫在身，才能身传口授。

此艺以意带形，以形炼身，以身养心，以心悟道。内容如下。

（1）灵龟浮水：翻转折合之功。

（2）游蛇翻卷：首尾相助之能。

（3）云龙盘柱：潜升旋缠之技。

第五章

器械练习

武学器械简介

独门兵器

　　九宫八卦拳系兵刃，原传有一套刀技——八卦缠身刀。所用之刀较长且重，过去常叫它功夫大刀。

　　八卦断魂枪，是左把马步战枪，演化为陆战枪术，枪杆同练。

　　八卦纯阳剑，演化为长袍剑，内含双手剑技与左手剑法，用法独特。

长袍

空星刺

　　先师口授独门兵器——空星棒和乾坤棒，双手持用。近年心手雕琢，制出空星棒一对。后又改良制成袖珍手刃——空星刺，并写就了空星刺谱。虽然此技艺是武技小式，但是可以将其变化应用。同时，空星刺也是一件得心应手的保

乾坤棒演示

健按摩器具。

　　数年前创制乾坤棒器具，设计美观大方，自然、实用，而且具有工艺品位，开发了武术套路及健身方法。

八卦缠身刀

九宫八卦拳系兵刃操练，拳、刀技艺相通。这趟刀式少而架紧，其动作内容较丰富，结构合理，舒展大方，风格独特，其身手皆八卦拳术。

有歌曰：

刀路追形，随转随变，腰脊为轴，身翻步盘，刀旋裹体，

膝胯肘肩，游龙戏水，雾腾云卷，内外合一，刚柔急缓。

所操之刀较长，根据练习者身量定制，一般为刀尖立地，刀把同常人胸至肩高，刀重6斤以上。

刀法有：穿、刺、劈、斩、挂、扫、撩、钻、挑、推、切、砍等。八卦刀术的一个动作蕴含几种刀法，且变化莫测。

恩师杨子君（伯父）传授的八卦缠身刀，演练时按天圆地方在三尺之地完成，至纯熟能在八仙桌上旋身盘刀，一气呵成！

套路名称

起	1. 童子挂帘	2. 鞭催双马	3. 雁落碧湖
4. 潜龙飞升	5. 黑熊推山	6. 寻星探斗	7. 白蛇伏草
8. 苍鹰缚兔	9. 雀鹰翔空	10. 盘蟒展身	11. 乌龙汲水
12. 勒马问津	13. 梅鹿抵角	14. 拨云见日	15. 伯劳贯翅
16. 壁虎吊尾	17. 青龙舞爪	18. 玄狐赶月	19. 猛虎出山
20. 鹞子翻身	21. 怀中取珠	22. 乾坤旋转	收

动作要领

起

面向南方，两足稍开，自然站立。右手持刀，右臂自然前伸，使臂刀一线，刀刃向下，刀尖稍离地面。眼扫视大刀。此为持刀起式。（图持刀起式）

要点：身体放松，精神贯注，气沉丹田，气顺力达刀尖。

持刀起式

1. 童子挂帘

右腿移动，向右侧开步，刀尖向地，随身向前转动右腕，将刀刃左旋向前，成偏向左前的吊刀式。同时左臂弯曲，左掌心朝外附在刀背里侧护手下半尺余，成推刀式，刀垂吊挂在身体前正中位。（图童子挂帘）

要点：转腕顶肘展臂，虎口圈力，掌心含空，移形提吊大刀要自然，与左臂掌滑推协调一致，力要运到刀刃和刀尖。

童子挂帘

2. 鞭催双马

持刀式不动，上左步，左足尖尽力外展，落步向东，足尖在刀体内，此时右臂持刀起动，将刀上提，左小臂外缘滑贴刀背不离，身向左转，

缓缓起刀上挑，刀刃向上。（图鞭催双马1）

两臂运刀过头，使刀背在肩背上，此时左臂掌自然离开刀，刀刃朝身后。左臂沿刀背向左开，右手持刀，刀背贴背，转颈摩右肩，起动右步前行并左转身。（图鞭催双马2）

随右手持大刀在后背抽拉向前旋带平斩之力，带身左转并扣右足，两臂亦自然圈向身前。（图鞭催双马3）

鞭催双马1

同时，左足自然随身碾转并形成两足内扣，两膝向内，使身体朝西，左掌附在刀柄上相助，向左肩前拉刀，刀体稍垂，刀刃朝外，大刀旋身将近一周。（图鞭催双马4）

略停，上右步右转身，随身同时推大刀向右肩圆转。（图鞭催双马5）

借右转势，带动左腿，左足弧线扫扣，与右足相对，两膝向内，身面朝南，由前式随身刀转大半周，两手持刀状如前动，大刀转推，刀尖向身后刺。（图鞭催双马6）

要点：以腰为轴，丹田之气为动力，转身旋刀如扬鞭，式要舒展，身旋步移，左顾右盼，力传刀刃刀尖，游刃自如。

鞭催双马2

鞭催双马3

鞭催双马4

鞭催双马 5 　　　　　　　鞭催双马 6

3. 雁落碧湖

尽力左转腰身，顺式领刀向左上东北方向，刀上提，刀身（刃）斜向东南，左手扶刀柄，身左旋，右胯下坐，两膝相抵，右腿吃重。（图雁落碧湖1）

雁落碧湖 1

左转腰身之力不断，接着动左腿，左足尽力外展落步，并渐转刀刃斜向上，使刀背倚右臂，左掌领刀左转。随身左转，两足自然移步，成右足向前点步，大刀随身转向西方。（图雁落碧湖2）

左足落实，右足向左足外朝西落步，使身拧转。这时，刀刃已转向上，刀斜向上，刀尖向后。左手领式在头前偏上方。

接着，左掌虎口托夹刀柄，同时伸腰拱背，臂向上向前，不停，双手快速收力紧握刀柄，并沉肩垂肘压腕，刀从右侧起，经上空向西南下方劈出。与此同时身后缩，两腿弯曲，左腿后坐承重。眼看刀身。（图雁落碧湖3）

要点：转身要紧，落点准确，刀路自然，腰转背伸，顺势下劈刀，要舒展自然，丹田先呼后吸。

雁落碧湖 2　　　　　　　　雁落碧湖 3

4. 潜龙飞升

右足移步落向南方稍扣，使足尖向东，右
手持刀暂不动。左掌离开刀柄，向东南圆臂撑
出，掌心向外，拇指朝下，掌与头齐。眼看南
方。（图潜龙飞升 1）

蠕进身形，右手刀向前下刺并向上豁挑，
右腿吃重。左臂掌再开向左外上推撑。（图潜龙
飞升 2）

潜龙飞升 1

不停，刀从下往上，刀刃向上走弧线，经
头顶空中划向西北左侧下方，同时，左折腰侧弓身展右肋，由两足微动
变成左弓步，左腿承重，身微前倾。刀起立圆反转弧圈，左掌自然相随
在刀近处，刀向右后刺，成背插式。此动两腿为先右后左，变身弓步。
眼随刀转。（图潜龙飞升 3~4）

要点：蠕进持刀尽量走低前刺，起身展臂上挑，刀到身变，弧线要
大、要舒展。背插后刺要含胸，两肩内扣，两臂圆撑向下，丹田命门相
吸，身前倾。

潜龙飞升 2　　　　　　潜龙飞升 3　　　　　　潜龙飞升 4

5. 黑熊推山

起身右转，吊肘转腕上提刀，转刀刃向外，回身向正南，碾顺右足，左足上并齐，左掌推刀背，两臂屈，刀与胸口齐。再右转身向西，双手持刀随转身并上右足，弓步向前平推刀。眼看西方。（图黑熊推山 1~2）

要点：要沉稳，意在刀刃。

黑熊推山 1　　　　　　黑熊推山 2

6. 寻星探斗

保持推刀状，小步左转一周，并渐渐将刀推起，斜在身前，之后外展左脚尖向南，再上右脚，扣过左脚，转身向东。（图寻星探斗 1）

不停，拔左脚（此为掏步）向东北方进一步，右脚跟进，并步立身，此时刀向左上方斜向钻出，刀刃朝外，刀尖向上。眼看东北方上举之刀。（图寻星探斗2）

寻星探斗1　　　　寻星探斗2

要点：转身进步如踏云钻刀入空，掏步要自然轻松，身体不可忽高忽低，掌握恰到好处。两腿自然直立，身向上探，右臂屈小臂与刀成一线斜向上，左臂自然伸直，手掌扶刀背。

7. 白蛇伏草

右腿向西南方横开一步，左腿紧跟，两足自然并齐，双膝屈坐身下蹲，同时刀从上抽至身前，左掌顺握刀柄，右手持刀下拉，使大刀垂立在身前，刀刃向西南直立，身朝西南方，眼看刀尖。（图白蛇伏草）

要点：以身带刀协调平稳，功中的抽拉含有刀的推、切之法，亦可变为斩刀。上身要正。

白蛇伏草

8. 苍鹰缚兔

起身，右足不动，左腿向东开，左足落步，身向南的同时，随身顺式拉刀向东侧撩出，外旋右小臂上提，虎口夹刀，刀刃向东。随刀动左

掌转推刀柄，手心向外，高与头齐。（图苍鹰缚兔1）

接着，右手着力握刀，使刀刃上挑并向左后斩，左掌自然相随。刀在下落时转刀刃向身外，同时左掌离刀，抬左臂肘，刀身即落于上面，右手自然握刀柄，在身前稍高，刀身后垂。左掌在刀内，掌外缘附推刀背，掌心向前，左腿收向右腿，身体微蹲。（图苍鹰缚兔2）

再内转刀刃、刀背贴左臂，以意引动，腰力递身上背，走左臂肘，并以此为点速将刀顶起。同时起右腿向西南方跨步，左足紧跟。双手紧握刀柄也向此方向抢劈。同时双腿屈膝，身体下蹲。眼随刀动。（图苍鹰缚兔3）

要点：起身右臂摩肋，反腕上提刀侧砍，右掌指卡刀柄、手心含空，左掌心推刀柄助力，转刃背刀要快，双手劈刀意力要远。

苍鹰缚兔1　　　　　苍鹰缚兔2　　　　　苍鹰缚兔3

9. 雀鹰翔空

起身，右足不动，左腿向东开一步，拉刀拧转，刀刃向东，反右臂起刀上提，刀尖下垂，右手与肩同高，向左外格，左掌自然分开，在刀内前推，但不触刀，身向南方。（图雀鹰翔空1）

略停，上撩拉刀，左小臂倚刀背助力，从左侧托刀向头顶盘，同时向后微仰身，右手持刀转臂，刀刃在外，向左后转，然后再向前，在头顶上片旋。头顶刀旋之时，左臂起，小臂及掌旋揉刀背不离。（图雀鹰

翔空 2）

随后双手把刀拉在身体左侧面向东，刀刃转向前上方。眼随刀动。
（图雀鹰翔空 3）

要点：起身提刀，手握紧刀柄上提，在头顶盘云，右手刀旋，左臂掌揉刀背不离，上下翻飞，仰身要适度。

雀鹰翔空 1

雀鹰翔空 2

雀鹰翔空 3

10. 盘蟒展身

步不动，向左尽力转腰裹臂，双手持刀转刀刃向身体左后下压切，此时屈膝下蹲，身向北。（图盘蟒展身 1）复右转腰身向南，右足微动，同时蠕展身起，双臂上抬至头顶把刀托起，不停，两手开，左掌在头顶上撑，右手持刀向右下划劈并自然转刀刃，身体微向右斜，同时，右腿弯曲独立承重，左腿收足背贴右后腿弯处。眼看刀。（图盘蟒展身 2）

盘蟒展身 1

盘蟒展身 2

要点：以腰为轴，

身体蜷曲再蠕伸，举臂托刀，腰背转动成 "S" 形螺旋，右腿弯曲承重，塌腰沉气。

11. 乌龙汲水

身体下蹲，左足向右足后插，同时右手转腕刀近地扫抄，左掌自然随势在身前左上方。（图乌龙汲水 1）

接着，向左转身，双足研地，成身面向东，此时扫刀转刃，转腕起刀上提，左手随势领刀。（图乌龙汲水 2）

乌龙汲水 1

乌龙汲水 2

接着，再向左转身使身面朝北，压腕扬刀使刀尖向上，左手靠近刀背。（图乌龙汲水 3）

接着，向左偏后侧切刀，左掌压刀背助力，身体微向下，再微进右足前擦，并将刀向身前推拉。（图乌龙汲水 4）

接着，右手臂由拉刀转为撩刀并上提，左手倚刀背，右腿弯曲独立

乌龙汲水 3

乌龙汲水 4

乌龙汲水 5

承重，左腿屈膝，足跟向前横踢，刀垂在身体左前，右手持刀与头齐，刀刃朝外，动作要自然，刀随身变，眼看东方。（图乌龙汲水5）

要点：左足后插，成盘步时刀即转刃下抄，身整力左转身180°，要贴地扫刀，刀贴身而起，压腕转体前擦右足及撩刀，右腿独立，左足横踢要同时、自然。

12. 勒马问津

手持刀不动，转腰身尽力向左，右腿弯曲身向下，并外展左膝，左足寻路向左后踏，脚落向东北方（图勒马问津1为背面），接着再尽力转腰，向左提右足，向西北落步（图勒马问津2）。

身左转力不断，再起左腿向西，落足定位面转向南（图勒马问津3），并速转右腕使刀在身前起向上、向右下横劈，身随刀动转向正南。左掌上推至头顶，两腿屈蹲成马步，身体朝南，面朝西。眼看下劈刀。（图勒马问津4）

勒马问津1

勒马问津2

勒马问津3

勒马问津4

要点： 外展左膝，左足寻路，右腿不动，尽力左转腰身，到极处时，看准方位再落左足。再起落右、左足，到位共 3 步，即转体、移形、步落三点呈三角形。

13. 梅鹿抵角

右手刀从右下挑起划空（图梅鹿抵角 1）。再弧线向左侧滑垂，刀刃在外，刀尖向下刺，同时速收左腿，两足并齐，两腿自然伸直，并展右侧腰身成弓状，左掌向左横推刀背，面向东南方。眼随刀势。（图梅鹿抵角 2）

要点： 步并齐，两腿自然伸直，上身向左侧弯，展右侧腰身，右臂成弓状。

梅鹿抵角 1　　　　　　梅鹿抵角 2

14. 拨云见日

右后转腰，使右腿自然后移，随之闪身后仰，两手相随，刀从左侧起，抽拉向头顶，再展右臂使刀向右后，此时左掌自然贴刀背。（图拨云见日 1）

不停，研右肘翻右腕，转刀刃向右外，刀柄向身前上提顶，左掌扶刀柄，刀刃斜向上，刀体微垂，呈身起向左前双手带刀，左腿向前进步

拨云见日 1   拨云见日 2

顶膝，身微前倾向南。眼看南方。（图拨云见日2）

　　要点：腰脊为动力，闪身后仰，起刀格架，再起身带刀，为先开后合。

15. 伯劳贯翅

　　接上式，刀向右后尽力划穿，同时收左脚于右脚内，右腿承重，成拧身转体式。腰脊蠕动，先展后收，力传膀臂，将刀从右后荡起。然后，向东上左足，右足紧跟并步下蹲，与此同时，双臂用力向左前东南方压腕下砍。眼看下砍刀。（图伯劳贯翅）

　　要点：腰脊蠕动展收得体，蓄力荡发，两足移动均为擦步，刀法为先穿后劈，劲力为先柔后刚。

伯劳贯翅

16. 壁虎吊尾

　　向南进左足横步，与右足成"丁"字形，两膝弯曲相抵，右手旋拉提刀在身体左侧偏后，刀柄尾与头齐，刀刃向东，刀尖下垂。左转腰身向南，缩左腰胯，展右肋，翻右臂，左臂曲，左肘贴刀背，左掌在刀内向外推。眼看东方。（图壁虎吊尾）

要点：腰身左转，以刀领势，展右肋，缩左肋，头尾相顾，刀垂在身后，刀尖指向两足跟之间。

壁虎吊尾

17. 青龙舞爪

右转腰身刀随身动，刀背摩左臂，上带推刀向西，在云推到西北方时（缓缓）压刀。（图青龙舞爪1）

刀柄在右胯前翻转上提，刀垂右臂后，使刀刃向身后，停于右肩背后成背刀式。（图青龙舞爪2）

青龙舞爪1　　　　　　青龙舞爪2

腰身右旋力不断，在向右转过程中，刀在背后从右肩向左肩滑转，刀亦从背后提带向前下斜削，与此同时起右腿，横足拔提向西北。刀身平，停在身前，呈向东方左手推刀背。眼看刀。（图青龙舞爪3及其正身前面图青龙舞爪4）

青龙舞爪 3　　　　　　　青龙舞爪 4

要点：此式身转刀变，两腿弯曲、两膝相摩相抵，顺时针转圈旋刀，刀贴身上下翻飞，转圈紧而小，不可停顿。眼随刀转。

18. 玄狐赶月

腰身右旋不停，自然落右腿并随势推刀行步，如天地旋转。推刀旋身朝向南方，两臂要圆，含胸阔背，低身紧步，顺时针转圈。眼随刀转。请看图玄狐赶月 1 落步时的正身前面图和连续动作。（图玄狐赶月 2~3）。

要点：低身紧步小圈转刀，掌握好落右腿和推刀的节拍，旋身推刀配合得体，使刀法亦推亦斩、紧中有放。

玄狐赶月 1　　　　　　玄狐赶月 2　　　　　　玄狐赶月 3

19. 猛虎出山

行步身向南方时，左足落步，随身右转，右手持刀下压，使刀身上起，到向西时刀直立，刀刃向外（西）。（图猛虎出山1）

进右步，身微前倾，左臂圆扇开，右手持刀向西方推出并有向下沉压之势。眼随刀向西看去。（图猛虎出山2）

要点：起身落步推刀要稳、准。

猛虎出山1　　　　　　猛虎出山2

20. 鹞子翻身

起身两臂摇动，把刀托起，刀刃向上，左腿向右腿后插步，足掌着地，身体从西转向南。（图鹞子翻身1）

不停，碾动两足使身急转向东、向北，与此同时，刀随身动，划空行立圆，将刀从上垂下（图鹞子翻身2），左掌领刀，但不可触刀。

要点：插步翻身180°，刀随形，动作协调统一。

鹞子翻身1　　　　　　鹞子翻身2

21. 怀中取珠

与上动紧密关联。

然后，右臂沉并转右腕旋刀，刀柄贴右肋，将刀运在腹前，刀刃向外，两腿弯曲微蹲，左臂圆掌横向外推。眼看东北方。（图怀中取珠 1）

紧接上动，拱背缩腹，转右臂翻刀，刀柄向腹部划推，沿左胸再向左上提拉，刀体平，刀刃向外朝东。此时向北出左足侧弓步，左掌扶护手。眼看东方。（图怀中取珠 2）

要点：拱背缩腹滑推刀柄，刀刃旋中有切。

怀中取珠 1　　　　　　　怀中取珠 2

22. 乾坤旋转

右转腰身，右腕送刀，左掌推刀柄尾部，使刀刃及刀尖向身右后穿，自然带起右足，沿顺时针转动，小臂推刀，使刀立起。（图乾坤旋转 1）

左掌也随转圈随放松，自然离开，要自然圆滑，在转到东方时落左足，并随转势闪身让刀，使刀推至身体左侧。此时右腕微扣，刀刃向东，刀体贴近左臂。眼看东南方。（图乾坤旋转 2）

右转身不停，并将刀由上走平（图乾坤旋转 3），再向下，刀随身旋动一周，此时，左手向外展开，刀尖向下，身向东南。（图乾坤旋转 4）目光随刀。

乾坤旋转1　　　　　　乾坤旋转2

乾坤旋转3　　　　　　乾坤旋转4

要点：闪身让刀如云过月露，转圈平稳如水上行舟。

收

反右小臂向上提挂大刀，再旋右腕，使刀身与右臂一线，并收右足，左掌上提在头左侧，眼视前下方之大刀（图收）。最后，再将左手臂垂下，与起式相同（图略）。

要点：身体放松，气沉丹田。收式与前面的起式对应。

收

说明

　　此路刀练完一遍的收式与开始的起式的动作一样，接着可以再练一遍，即连环操练。刀法以文叙述加图像配合，练者参阅之，逐渐掌握刀式变化以及架式高低和速度快慢的变化，体验随形运刀的方位及缠旋的微妙变化。领会拳脚功夫的灵活运用，提高自己的功夫境界。

益身乾坤棒

乾坤棒简介

乾坤棒是九宫八卦拳系独门兵器之一，棒身为正四方锥体（或螺旋正四方锥体），端头有五个尖，握把为圆锥（截顶圆锥体），尾墩为四棱锥体，金属制。

新设计的乾坤棒是对称形状，硬木制，两头圆墩，墩前握把仍为圆锥，加工斜度 2°16′，或木旋手揉，所得曲线更为合手），握把前有卦环，中段为圆柱体。

圆墩 R40 合掌心，未注尺寸 R 大约为 10 毫米，其 R 与 R40 相贯接，要自然光滑，圆墩成型须基本符合图样。

凸 R 六环象征乾、坤卦象，现在使用都无需刻、画，如若需要，可在六环圆周上只刻一通槽，两端呈 180° 刻制，或按上法画线，以分乾、坤卦象。

整体长度相当于常人肩宽，其式样美观、大方、自然、实用，而且具有工艺品位。

练家可根据身量高低变更尺寸，按比例增加与缩减为好。

根据九宫八卦拳学，并集多年拳技之精粹，笔者首创乾坤棒器械及其功夫兼养生的规范动作。

其一，随心乾坤棒为武术套路，是应用乾坤棒做单手或双手持棒的动作，以其特有的长度，形成拧、旋、转、穿、摩、滑、滚、压、劈、

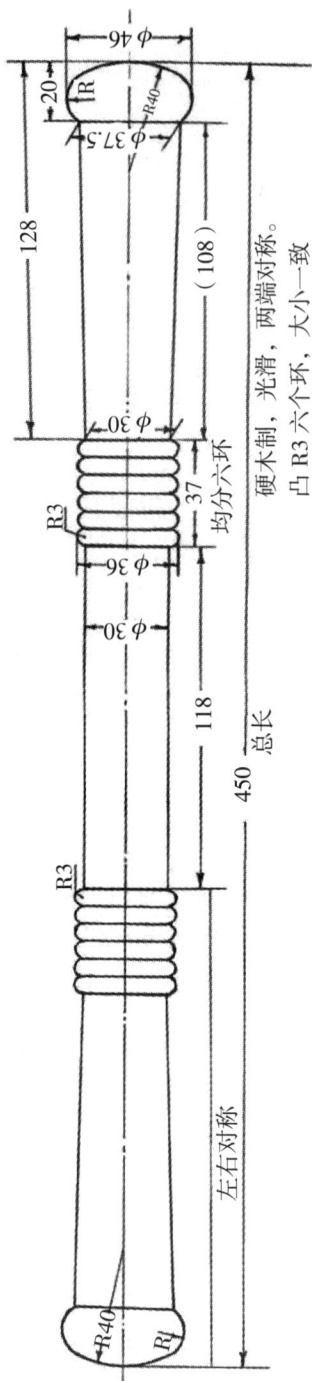

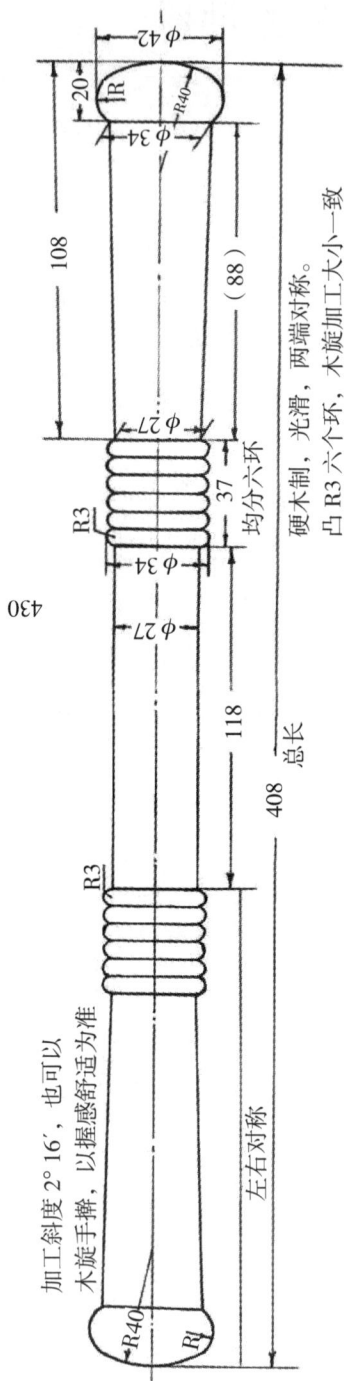

两种制式的乾坤棒（单位：毫米）

格、捣、冲、豁等技法。套路动作编排紧凑合理，并且具有变化的空间。

它适合不同年龄的人练习，有喜爱此武术文化者，只要按照要领认真练习，就可以在很短的时日内熟悉这套动作。

其二，益身乾坤棒为健身单式操练，下面着重介绍之。

益身乾坤棒来源于随心乾坤棒套路，从中汲取 9 个单式改编而成，具有祛病养生、促进健康的效果。功法易学易练，同时，又可作为乾坤棒传统武艺技击之热身。根据乾坤棒武术运动和器具的特点，以及经络健身的精华，应用乾坤棒在身体的头、手、臂、腰、腿、足部位，以及不易活动的部位，如腋窝、肘窝、肋部、胸口、腘窝、小腿肚、足跟腱等处，以点、线、面的手法循经运棒，以乾坤棒特有的长度做两手臂的拧、旋、转、穿、摩、滑、滚、压，来活动关节、腰身，摩擦穴位，疏通经络，使肌骨筋脉得以活动并增强其功能。

动作中以意引力，乾坤棒在两手间轻松揉转，随身摇圆及使棒体轴线圆转变化，动作富有节奏。活动量虽然不大，但有增加肌肉、减少脂肪的效果，可促进体内血气循环，有利于消除栓塞、瘀滞。运动后，练习者会感到周身轻松，心情愉悦。

益身乾坤棒动作名称

1. 立杆举旗　　　　2. 狮子滚球

3. 二虎拦路　　　　4. 巧女纫针

5. 白马回头　　　　6. 梅鹿伏草

7. 摇转玉柱　　　　8. 神龟卧沙

9. 金带缠腰

动作要领

1．立杆举旗

由静而动，式含立杆与举旗，下面为立杆图。

开步站立（宽如肩、胯），左手握乾坤棒中段，接着起棒，右手合抱在胸前，稍定神，加意身轴顶天立地，随后，加意引棒向地，再慢慢升起向上，如此两度。眼神随形。（图立杆举旗1~3）

练家此时构思"乾坤大杆"直入天地，人亦顶天立地，身轴由意而生，而且得体松神安之妙法，亦有顺项提顶，下颏内收，两目得神之态。（图立杆举旗4~6）

这时，意念引导，两手逐渐加力相互拧棒，有争有裹，力度全在腕、掌、指的协调，内拧近胸距约半尺，腕突肘顶小臂平齐，鼻深吸气脊背圆阔。

略停，双手反向拧推送，手腕内侧着力，以柔韧内含之力两臂前伸，成夹臂、拢肩、挤胸的形态。

立杆举旗1　　　　　立杆举旗2　　　　　立杆举旗3

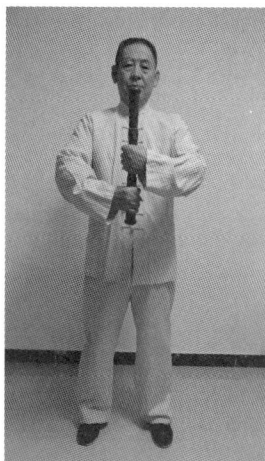

立杆举旗 4　　　　　　立杆举旗 5　　　　　　立杆举旗 6

随动作以鼻呼气，此时，呼气要比吸气时间稍长，这样，有利于胸中浊气排出，促进新陈代谢。

行功日久，呼气得法，练家不必念及呼吸与动作的配合，而丹田"呼吸"自然有之。

出棒到位时，自有足趾着力，足心含空，足跟触地有似离非离之感，有养肾益精之功用。

要点：动作劲力适中，节奏宜慢且均匀，灵活掌握两手的活把。即拧转时，一手紧，另一手自然滑转，掌握好收、送间的紧中有缓，此谓之"力藏"，还要做好倒动换把，此谓之"着隐"。

下面为举旗图（图立杆举旗 7~13）。

腰身左拧带动膀臂，两手抓握乾坤棒随摆随拧收，至胸腹前已然右转身。（图立杆举旗 7~9）

两手舞动乾坤棒在身前顺、逆时针回环，最后升起、落下再旋升。（图立杆举旗 10~13）

要点：舞动揉转自然，眼神随形。再蹲身

立杆举旗 7

立杆举旗 8

立杆举旗 9

立杆举旗 10

立杆举旗 11

立杆举旗 12

立杆举旗 13

沿身轴垂落，乾坤棒向地。最后，起身收棒。

立杆者，前、后动作，属争力法，是一对乾坤棒有拧绞之力，功家俗称"拧棍"，中国武术、摔跤多有此功操练。

举旗者，属柔力法，为旋转摇棒，势如大旗舞展的情景。能够把握此杆旗，自有平衡身轴之形与旋动之力的产生，这就要求练习者要恰到好处地做好转腰活胯、摇臂开肩，逐渐掌握臂、腰同向，臂、腰反向的要领。

而乾坤棒在不断地自身轴转时，还有环圈之升降。注视移动的乾坤棒及上端转动的圆墩，练家有转睛随物之神态。动作变化合易，是进阶功法，须师身传口授或动心着意体悟之，自然做出柔力法来。如能持久练习，所谓刚、柔、巧、化之劲道，定能掌握应用，这里谨记练功俗语：

以意带形，以形炼身，
以身养心，以心悟道。

按照要领重复练习，每收、送，升、降为一次，共做9次，随功增长可做9的倍数，眼神随式。

收式自然放松，亦可自然倒动乾坤棒准备做下面的动作。

由于两掌着力做乾坤棒有规律

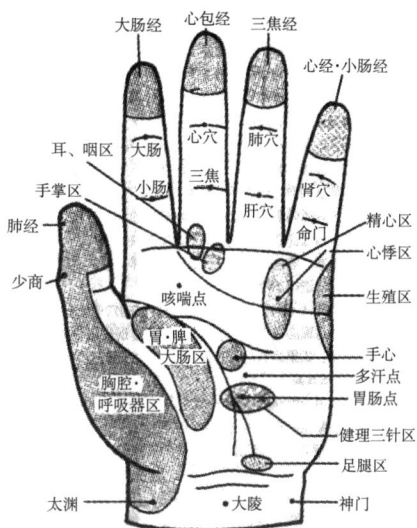

手部全息图

的收送、拧转滑摩，手掌生热，自然传导于手掌穴道，可养生健身，提高心肺功能，生内力、增臂力、增掌力，功家所言"**润内疏经，开筋易骨**"是也。

益身乾坤棒第一手非常重要，是培根养本之法，它从热身、开筋起，陆续进入健身养生后八式，并有下面的功效歌诀指导，请诸君认真阅读。

血脉轮转，养发润身。舌卷气行，利脑提神。
切齿生勇，固肾益精。手攫足踏，健肝安魂。

注：每动9次（回合），为在心计数，可以为5次、为7次，余者相同。

2．狮子滚球

两腿分开站立，松两肩臂，两手抓握乾坤棒圆墩于小腹下。（图狮子滚球1）

随后，调运身轴先左后右带乾坤棒摆转。（图狮子滚球2~3）

左右转势不停，摆中带旋将乾坤棒贴身触腹揉动，逐渐调整运棒幅度，使棒体擦胸摩肋，身量慢慢放低。（图狮子滚球4~7）

狮子滚球1

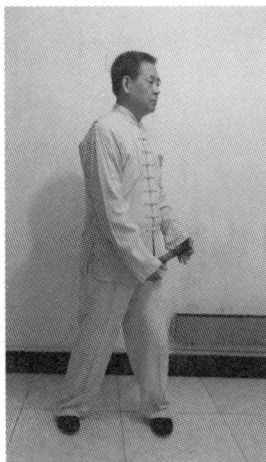

狮子滚球2

狮子滚球3

狮子滚球4

狮子滚球5

狮子滚球6

狮子滚球 7　　　　　　狮子滚球 8　　　　　　狮子滚球 9

　　进而将乾坤棒推离，继续揉转一段时间后，再慢慢揉中收棒如初。动作从小到大。（图狮子滚球 8~9）

　　滚球揉转的练法是：

　　棒体贴身揉转—离身揉转—贴身揉转的过程。

　　乾坤棒在两掌中抵、捻活转，悠然摇动不脱位。身形柔旋，劲力上下传递，似有头顶天、足入地之神意，动作时领会腰转肘领，两臂圆曲，左右摇转成圆的意境。

　　动作节奏当快慢适中，架式高低量力而行，须领会的是两眼的视角要超过身形的转角，头颈自有转动幅度。这样就会目有追捕之神，头有顶悬之力。

　　腰脊的拧势，产生两胯的合裹。这样，在原本开步（宽如肩、胯）、两腿弯曲、重心向下的情况下，随着又会分别产生两膝向内的顶、扣，而能使两足抓地（入地三尺之说），身体轴线延伸向下，底盘尺幅随动调整，身体自然稳健。

　　乾坤棒在两手间不断摇转拧旋及其轴向的转动变化，自然作用于掌心劳宫穴，手厥阴心包经通畅，内气收运养心养神。两腿弯曲，足心涌泉穴内吸，足少阴肾经通顺，腰腹间也会产生气荡之感，内气聚合养肾益精。

动作圆活、柔韧、含蓄、力藏的功夫为"太极真功"。狮子滚球原传为动桩，即古太极功之一，此处遵其技法，持乾坤棒舞之。

寥寥几图不易展示，练者要思维开阔，悟其连绵不断之形，习久即可体会此功的不言之妙，功家所言"**百骸灵运，洗髓还虚**"是也。

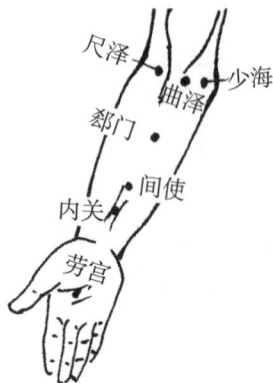

手厥阴心包经穴位
（部分）图

3．二虎拦路

两手朝前松臂握棒，接做左右拧摆乾坤棒，上面手的鱼际与掌根击拍下面垂臂的肘窝，两臂掌左右拨动，乾坤棒在两掌中自然滑转，眼神随形。（图二虎拦路 1~3）

动幅逐渐加大，将乾坤棒左右悠荡起来，棒行胸前由下上升，并用上面手法以一手之鱼际与掌根速拍展直之臂的肘窝，拍击力度适当，脆快麻利，拍击次数慢慢加之。（图二虎拦路 4~5）

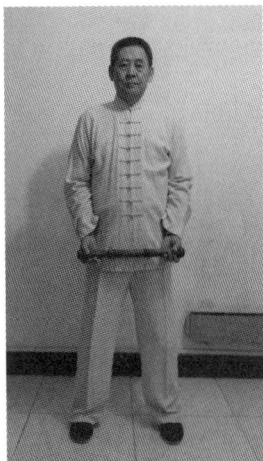

二虎拦路 1

二虎拦路 2

二虎拦路 3

二虎拦路 4   二虎拦路 5

乾坤棒在两手间松紧得体，棒体转中有送，左右拦架到位。本式可行垂臂拍打、运棒拦击等功法，练家应察文解意并不断练习，方能体悟出此式之妙处。健身养生有拍打肘窝一说，它能除心肺火气，除烦躁，利睡眠，方法和次数很重要。

4．巧女纫针

两臂弯曲、手朝前，端棒横于神阙位，右手拧棒而起，使棒体轴向转动，右手端圆墩抵右胸中府穴，左手将乾坤棒推高，手虽滑把，但到位之时须助推一把。（图巧女纫针 1~2）

接着，右臂折展肘飞，扣右手抓棒抵滑右胸外侧，右手背紧贴胸肋，滑力向下反臂插之，乾坤棒在身右侧立起，左手随式内合，此时，两手握棒两向争力。（图巧女纫针 3）

随后，右手再沿肋胸反提，使右手端圆墩抵住腋窝之极泉穴，稍停，再拨出，两手横棒于胸前上方平端，手心向里。（图巧女纫针 4~5）

按照上面的动作要求，再反向做来。

巧女纫针 1　　　　　　　巧女纫针 2　　　　　　　巧女纫针 3

巧女纫针 4　　　　　　　巧女纫针 5　　　　　　　巧女纫针 6

拨弹腋窝极泉穴要以柔韧之透力，适度着力并要带及胸肌。（图巧女纫针 6~8）

最后，先两手横端乾坤棒于胸前上方，再自然落下收在小腹前。（图巧女纫针 9~10）

整个动作对于乾坤棒有送有迎，两手间不断拧转、滑转变化，身体随式自然转动，动作舒展大方，富有节奏，快慢自调，眼神随形。

这个动作可调理肝、胆经，有宽胸理气、去心火安神的作用。

巧女纫针 7

巧女纫针 8

巧女纫针 9

巧女纫针 10

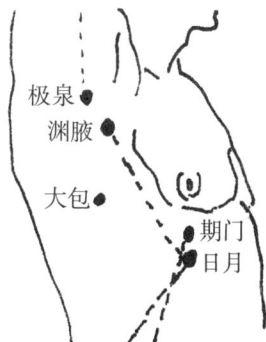

右胁穴位图

5. 白马回头

　　站式同前，两掌同时滑把，掌心过圆墩，成两手心向下正握乾坤棒，臂曲肘垂，高与腹中平齐。（图白马回头 1）

　　接着，右手收棒，使圆墩沿右胸下收向胸口鸠尾穴处并抵压之，棒直对身中，左手偏高。随后，左手压棒，右手掌紧握乾坤棒以此端圆墩推滑，由任脉鸠尾穴上行，过中庭、膻中、玉堂、紫宫、华盖而出。（图

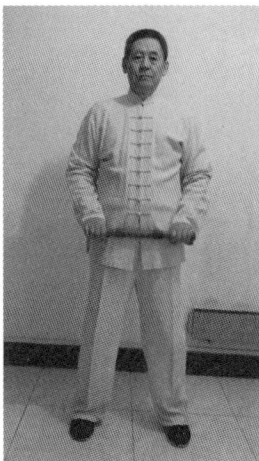  

白马回头 1　　　　　　白马回头 2　　　　　　白马回头 3

白马回头 2）

　　此时，拧收右臂并夹肋，右掌反腕拧出，乾坤棒圆墩上举，左手紧握乾坤棒收指下拉，两臂向内夹肋，两手的争力继续，右掌反臂推棒向上，渐成拇、食指环扣，其余三指相附，虎口承压的反臂持棒势。

　　左小臂近身与右肘向前相遇，右肘尖正好抵压左小臂前端的内关穴，成乾坤棒在身前右臂外上下直立。（图白马回头 3）

　　然后，两臂着力压滑内关穴，右肘从左小臂上面出去，乾坤棒自然滑向右大臂外侧，乾坤棒滑动不停，右肘尖顺势向上举，高过头顶，此时，乾坤棒滑过右肩头，身稍左转。（图白马回头 4）

　　接着，身右转并摇展右臂飞肘，此动使棒体顺压臂、肩的手三阳经穴位。成左小臂贴胸口，右手紧抓乾坤棒的背棒势。眼随势向右

肩髃
臑俞

肩部穴位图

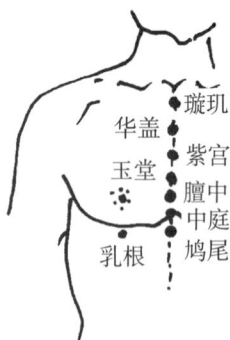

璇玑
华盖　紫宫
玉堂　膻中
　　中庭
乳根　鸠尾

前胸穴位图

白马回头 4　　　　　　　白马回头 5　　　　　　　白马回头 6

白马回头 7　　　　　　　白马回头 8　　　　　　　白马回头 9

上肘尖看去。（图白马回头 5）

　　略停，回右肘向身前，两掌着力使乾坤棒从右肩头后缘滑转肩头，再下滑到大臂而回收，随动作，身面已自然回转。持棒向左上摇开。（图白马回头 6~8）

　　再左手摇推乾坤棒使后手圆墩抵鸠尾。（图白马回头 9）

　　然后，再做左手臂背棒及摇转身形的动作。（图白马回头 10~11）

　　左折臂回头之后又滑出，此时右手臂摇转，式落下为收。（图白马回

白马回头 10　　　　　　白马回头 11　　　　　　白马回头 12

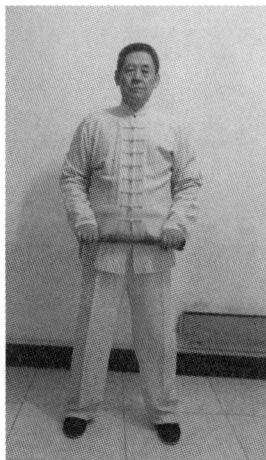

白马回头 13　　　　　　白马回头 14　　　　　　白马回头 15

头 12~15）

　　在这个动作中，两手转动乾坤棒亦争亦夺，配合默契，摩旋缠身细腻，乾坤棒出中入中，擦胸摩肋，上下左右翻转变化，转头顾盼，眼神相随，腰身左右转动随式自然，云棒穿花自然大方、细腻活泼。

　　推摩胸中线与肋部轻缓自然，此运动可以开胸顺气、明目、防治肩周炎、强筋骨、提神醒脑，使人精神愉快。

6. 梅鹿伏草

自然倒动乾坤棒，双手正握乾坤棒，左腿前出半步，两腿自然弯曲，乾坤棒中段抵于左胯上寸许，在胯上适当加压，推过左胯骨，沿腿外侧向下，随推两腿随弯曲下坐，所经腿外侧诸经穴，如足少阳胆经之风市、中渎、膝阳关、阳陵泉，微转到足阳明胃经足三里，再向下至解溪穴。（图梅鹿伏草 1~4）

梅鹿伏草 1

梅鹿伏草 2

梅鹿伏草 3

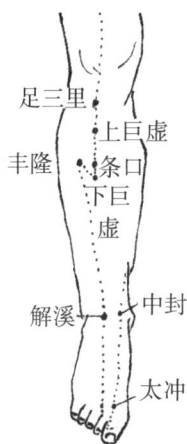

右腿胃经及肝经穴位（部分）图

梅鹿伏草 4

梅鹿伏草 5

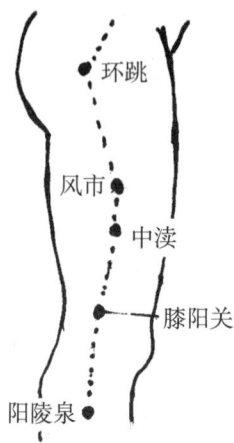

梅鹿伏草 6　　　　　　　梅鹿伏草 7　　　　　右腿胆经穴位（部分）图

环跳

风市

中渎

膝阳关

阳陵泉

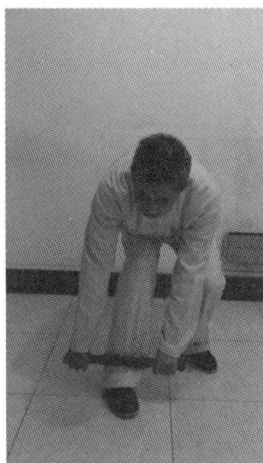
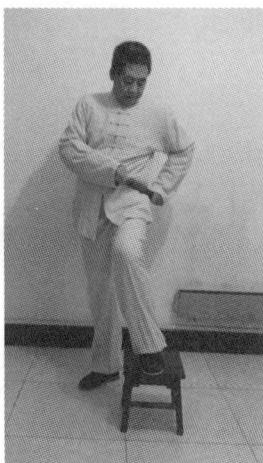

梅鹿伏草 8　　　　　　　梅鹿伏草 9

　　另一腿的推运练习附图，要领同前述，左右换腿练习。（图梅鹿伏草
5~8）

　　踏方凳图，是为年长者或不便弯腰低头者设计，旨在安全。（图梅鹿
伏草 9）

　　加压推滑轻重依所经之处适力而行，走线推面，次数要根据个人的
体质条件量力而行，先做 3 次，再增至 6 次，适应之后可做 9 次，头颈

自然随式，不可过于低头，呼吸自然随式。

此式动作，由于身体的渐蹲和缓起而折膝合胯，自然挤压腹内脏腑，有消除瘀滞的作用，亦可使腿足生力，利于身体平衡。

做此式，可以进、退移步练习，乾坤棒自然推拉至腹部，到胯部适度加压，连续做来，这样更显得活泼。

7. 摇转玉柱

站式同前，自然倒动乾坤棒，双手正握乾坤棒，两掌心劳宫穴抵乾坤棒圆墩（或握锥把），举臂开肩，屈肱扬肘，将乾坤棒轻压额头发际处，再顺滑压过昆仑（头顶）到枕骨之下。（图摇转玉柱 1~3）

两臂向前，大小臂相夹，乾坤棒中段压在哑门穴（第一、二颈椎间），此动会使头颈适当得力，且有畅胸开肋之感。稍静，内气随之沉入腹中，心神怡然，身体放松数秒。略息，做左右摇转头颈的动作，同时，两肘配合有节奏地垂滑摆动，使乾坤棒灵活地左右小幅度抽拉，滚压摩推风府穴、风池穴、哑门穴、天柱穴所在范围，眼神相随。往返拉摩，

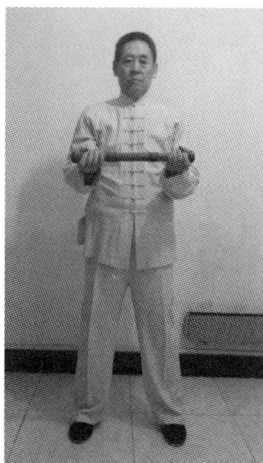  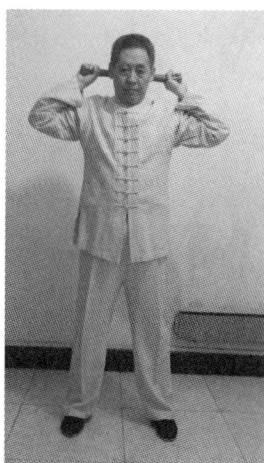

摇转玉柱 1　　　　　　摇转玉柱 2　　　　　　摇转玉柱 3

 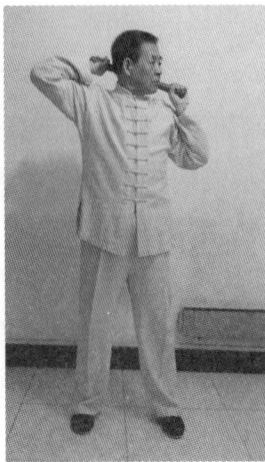 

摇转玉柱 4　　　　　　摇转玉柱 5　　　　　　摇转玉柱 6

次数左右相加共 18 或 36 次，以舒适为宜。（图摇转玉柱 4~5，图摇转玉柱 6 为背面）

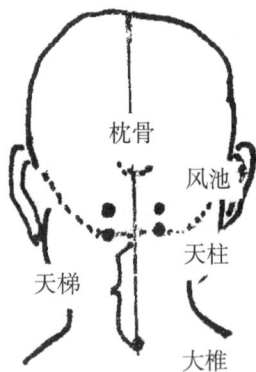

脑后穴位（部分）图

所过之处有压按感并有热感产生，垂拉乾坤棒之手适当扣腕，一手抓拧，一手滑转，使棒体轴向转动并拉摩后头颈，做上述动作的同时，还有头颈左、右转动的协调配合。

细腻之处需要悉心总结，要逐渐掌握手劲和技法，灵活运用。此法可使天梯（大椎以上的颈椎）通顺，有清火明目、提神醒脑之功，进而达到保护颈椎的目的。

左右式做完，乾坤棒中段紧贴脑后第一颈椎之上，稍静心，接着起双臂适当加力举棒，并使乾坤棒中段沿后脑向上，过昆仑（头顶）压滑到前额。然后，乾坤棒离开头部向体前，双臂自然下落，双手持棒于腹前。力收气沉，身心放松。

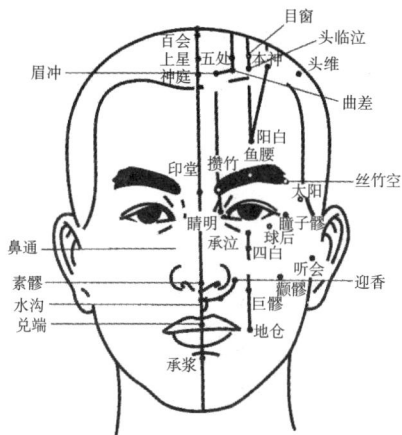

人体面部穴位图

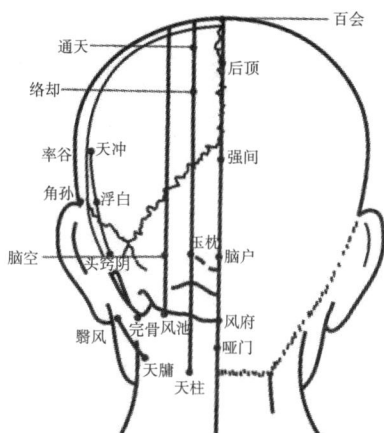

头后部穴位图

8. 神龟卧沙

　　站式同前，倒手（手心向前）反握乾坤棒或指抓圆墩，身体正位左腿稍向前出，成半蹲式，翘起左足尖并自然提足，将乾坤棒中段移过左脚，正好滑过左足跟而抵压左足跟腱处，此时，两手内卷滑挤左足跟腱9次。

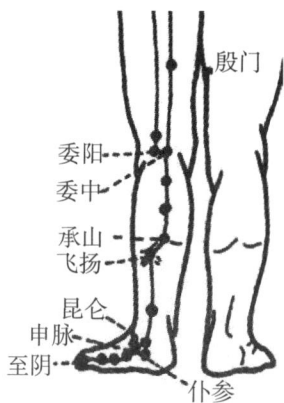

膀胱经穴位部分图

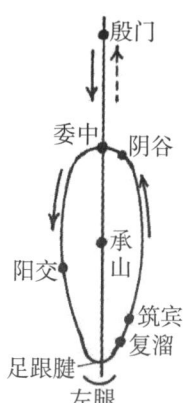

左腿推棒
示意图

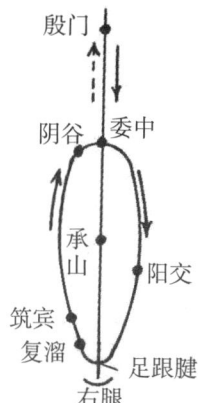

右腿推棒
示意图

接着，两手内卷按左腿，推棒示意图逆时针拉推小腿肚，向上拉到膝后弯（腘窝）委中穴处时卷揉9次，再沿小腿肚外侧下推到足跟腱处卷揉9次，此循环行运3圈。

稍停，从足跟腱处向上压拉到大腿殷门穴，往返3次。

推完左腿，乾坤棒推到左脚跟处，卷揉足跟腱9次。接着，抬起左足跟，双手将乾坤棒送出。（图神龟卧沙1~8）

再出右腿，用乾坤棒行顺时针拉摩右小腿肚，要领相同，左右换腿

神龟卧沙 1

神龟卧沙 2

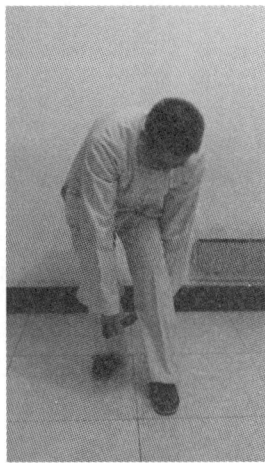
神龟卧沙 3

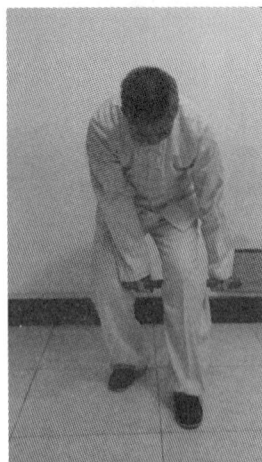
神龟卧沙 4

神龟卧沙 5

神龟卧沙 6

练习，中间稍息可以站起身来，再蹲身接着做。（图神龟卧沙 9~16）

有年老体弱及身体不适者，可以取小凳踏之练习。（图神龟卧沙 17）

做时主要以一腿承重，被推之腿轻起轻落。

每腿分别做好，回环 3 遍与直趟往复 3 遍为一组。如有功力，可增加组次，但要根据个人的体质条件量力而行。

头颈、眼神自然，做动作不可过于低头，若是老年人或心脑血管病者，可以脚踏小凳练习，蹲下与起身要缓慢，呼吸自然随式。

此式上身稍向前，随动作的蹲踞起伏而叠髋折膝，这样就有挤压

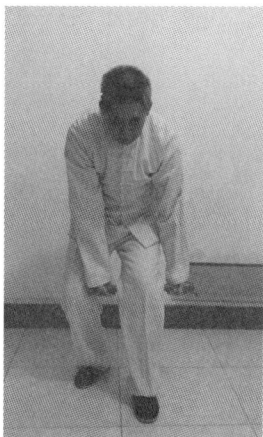

神龟卧沙 7

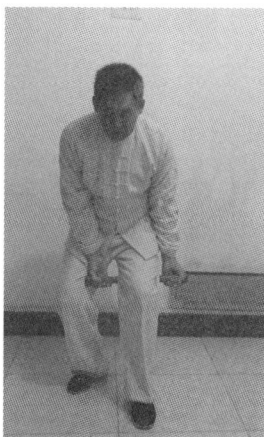

神龟卧沙 8

神龟卧沙 9

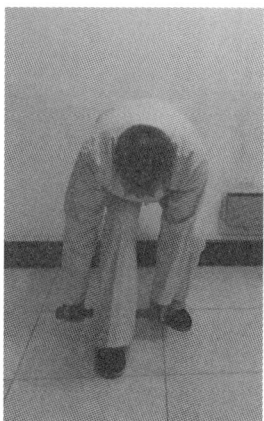

神龟卧沙 10

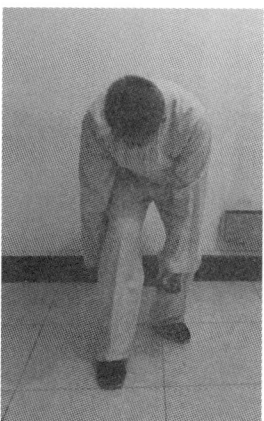

神龟卧沙 11

神龟卧沙 12

神龟卧沙 13

神龟卧沙 14

神龟卧沙 15

神龟卧沙 16

神龟卧沙 17

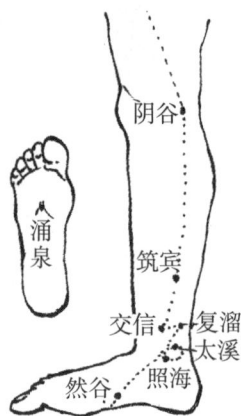

右腿肾经穴位（部分）图

腹部、消除瘀滞的效果。还可以提高膝、踝关节的韧力，使下肢得到锻炼。

蹲时，腹部、腿部、臀部的肌肉都受到较大限度的挤压，下肢血液也会更快地回流到心脏，从而促进了心肺血液的循环，肺活量也会因此增加。

动作要求自然大方，身形放松，眼神随式，手法的缓、沉由练功者逐渐掌握，以感到腿足轻松灵便为好。如：重点穴位或部位，施用滚压卷推之手法效果会更好。

练者在做蹲身翘足尖、提足过棒不便时，可以单手插棒到足跟腱处，然后，再双手持棒做来。只要不断掌握好手法，一定会收到好的效果。

做完后起身收乾坤棒，分足站立如初，静心松体。

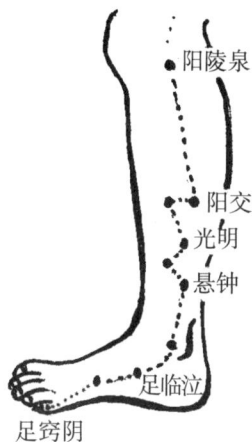
左腿胆经穴位（部分）图

9. 金带缠腰

两手正握棒，横对腰腹。稍息，两手抽拉搬滑、左右旋运乾坤棒。

先往左运，左手扣转棒体，随身左转滑压左腰，右手滑把。稍停，右手搬棒回，身右运，要领同前，这样，两手左右抽拉搬滑乾坤棒，压腰束身，圆活柔和，以运行带脉，并沟通手足诸经脉。

回势时，拉棒之手要渐变滑推移棒，要有棒体轴向的圆转的微妙变化，练习者要仔细阅读和体会自然变化的作用。

做这个动作，要以两肘领势，带动两肩画弧，这样身体才会产生旋动之力。（图金带缠腰 1~3）

呼吸要自然，一般是正身向前时缓缓吸气入腹，棒体紧贴腰腹部并适力抵压。压棒转体，后手及圆墩抵压腰眼时呼气，这时的呼气要以气震动喉头，使胸中之气上行，鼻翼开，浊气排出。

意收丹田向命门，提精道穴，内气通贯泥丸宫。（图金带缠腰 4~6）

此式加正手背身推运，见图思意做来。

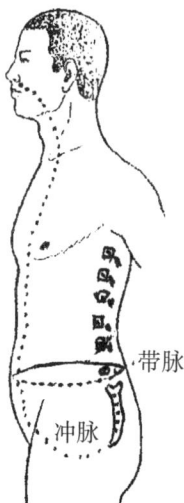
带脉、冲脉示意图

精道穴示意图

金带缠腰 1　　　　　　金带缠腰 2　　　　　　金带缠腰 3

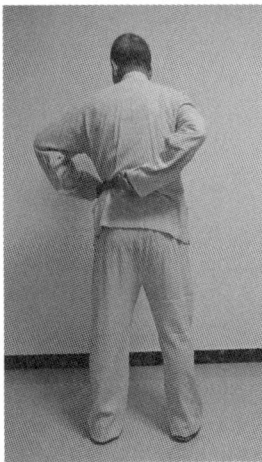

金带缠腰 4　　　　　　金带缠腰 5　　　　　　金带缠腰 6

　　益身乾坤棒 9 式，练功时，根据个人身体状况或者喜好，连续顺序练习或可选择几式单练，有几式可以取用练功小方凳坐、踏练习。凳高 8~9 寸，设计古朴典雅，以之为助会更有乐趣，且能增进身体健康。

　　有喜欢此乾坤棒运动的，还可以加练点按内关、拍打曲池、倚枕撺背、推尾摩骶等。或者由练习者自己发挥。

　　乾坤棒功课练熟习透之时，此乾坤棒"物件"就成了可心的"手把件儿"。用它来健身康体，灵气宜神，会自然如意！练者参之悟之。

随心乾坤棒

乾坤棒武技健身
综合练法

前段九式

随心乾坤棒前段九式名称

起

1. 立杆举旗　　　　　2. 仙人掸尘

3. 蝶飞蜂至　　　　　4. 破浪行舟

5. 白马回头　　　　　6. 雀鹰旋巢

7. 珠箭穿心　　　　　8. 巧女纫针

9. 串雷贯耳

收

起

左手持棒并步静立，再分足起棒直立在胸前，右手抱之。（图随心.起1~2）

要点： 虽动尤静，松身如桩。

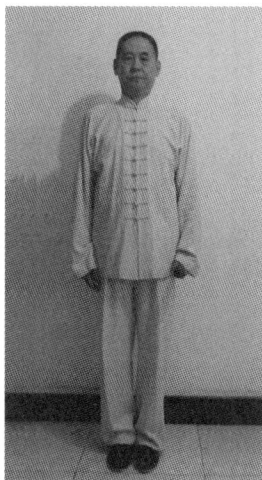
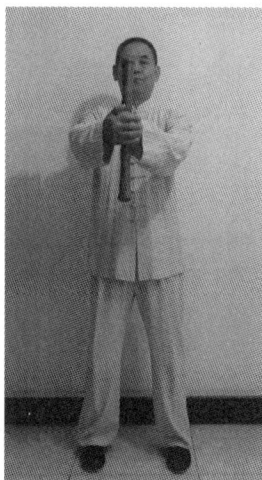

随心.起1　　　　　随心.起2

1. 立杆举旗

右手下滑握锥把，稍静，两手紧握棒体向胸前拧收，此时，突腕平小臂，两肘外射，两掌争力，其中一手自然滑转。（图立杆举旗1~2）

略停，掌腕着力将乾坤棒拧转送出，棒体轴转滑掌，两臂自然震挺伸直，拢肩夹臂，眼视乾坤棒前上方圆墩。再向左转身轴，两臂向左云摆并渐渐拧收乾坤棒，眼神随形。（图立杆举旗3~4）

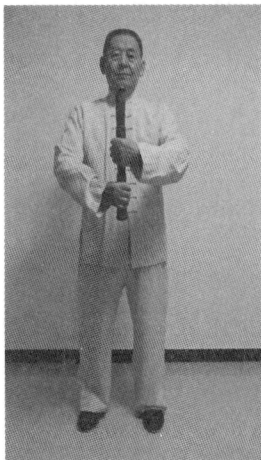
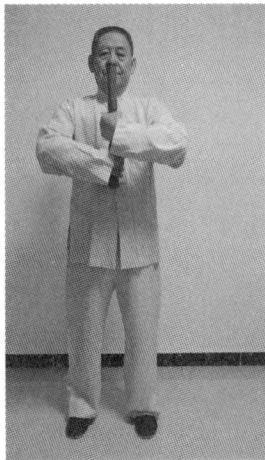

立杆举旗1　　　　　　立杆举旗2　　　　　　立杆举旗3

立杆举旗4　　　　　　立杆举旗5　　　　　　立杆举旗6

要点：呼吸自然，意将乾坤大杆舞动之，劲力柔韧。

身轴回转向右带棒近胸（图立杆举旗 5），接着，将乾坤棒向右前拧推（图立杆举旗 6）。抓杆舞旗之势不停，合右腿并步，随即扬臂左摆，此动犹如迎风展旗，快中见慢，可高可低（图立杆举旗 7~8）。

略停，蹲身插棒。（图立杆举旗 9）

要点：韧力揉棒，腰身轴转助臂展，蹲身松沉。

 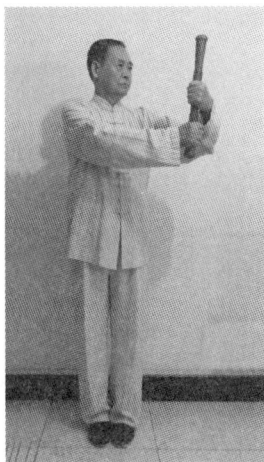 

立杆举旗 7　　　　　　立杆举旗 8　　　　　　立杆举旗 9

2. 仙人掸尘

蹲式，两手抓拧乾坤棒身左转，劲力蓄收，眼视圆墩。

突然，身轴右转，蓄力释放两臂外展，将一杆乾坤棒急速挥至右下前方，顺式右腿出，左手顺拉贴扶右小臂，眼神随形。（图仙人掸尘 1~2）

起身，左腿后插，右臂上展带棒，乾坤棒自然斜向亮在头右侧，左手自然衬托，屈臂护胸。（图仙人掸尘 3）

仙人掸尘 1

仙人掸尘 2　　　　　　仙人掸尘 3　　　　　　仙人掸尘 4

稍后，右手向身左前插棒，左手贴扶右腕后方小臂处，以助垂棒正插。（图仙人掸尘 4）

此时，身微向前，眼神随形。

要点： 准确、到位、力爽。棒行弧线，臂掌着力运之，插棒缓中见急，劲力不断。

3．蝶飞蜂至

身稍起并拉棒平，接着，速轴身左转，两手交臂叉叠，平拨盘旋乾坤棒，此时，身已反向。（图蝶飞蜂至 1~2）

上动不停，急收身，回路途中左手滑翻外拨乾坤棒，右手随应向胸从左往右擦过，此时，左右手顺握乾坤棒两端圆墩，不停，左手推滑圆墩到胸口处，乾坤棒被左手拧升，右手在上抓握圆墩，乾坤棒在身前立起，同时合足并步。然后，右手速下滑拍击左手掌并抓握下端锥把，

蝶飞蜂至 1

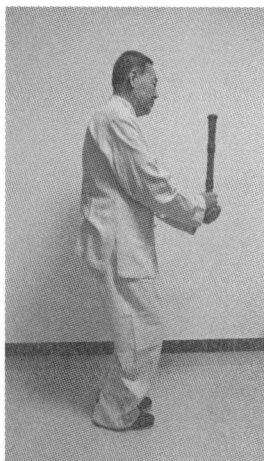

蝶飞蜂至 2　　　　　　蝶飞蜂至 3　　　　　　蝶飞蜂至 4

乾坤棒直立身前，眼视之。（图蝶飞蜂至 3~4）

要点：平拨盘旋如蝶，两手要巧，臂肘带力，滑棒拍击力道脆快，手动棒静，保持乾坤棒稳定，步移转身到位，神情自然。

4. 破浪行舟

身起，左足前点，臂扬肘顶，速抬棒，上端圆墩击后，左手圈护。（图破浪行舟 1）

接着，右手着力向身前劈棒，左手速出抓压助力，同时，左足前进一步，身整体显冲势。眼神随形。（图破浪行舟 2）

再进左足，右手向内拧送乾坤棒，左手滑把间拉棒向前。（图破浪行舟 3）

要点：劈压力足，进步到位，平稳送棒如行舟，两手拧转、拉带自然平和。

破浪行舟 1　　　　　　破浪行舟 2　　　　　　破浪行舟 3

5. 白马回头

回身平拉乾坤棒，右手向下拧转棒体，使此端圆墩擦腹向上到胸口，左手滑把再右推，乾坤棒在身前斜立。（图白马回头 1~2）

接着，右手拧把从胸口翻棒而出，右臂夹，右手反提，棒滑到大臂外，两手紧握锥把，棒直，眼神随形。（图白马回头 3）

白马回头 1　　　　　　白马回头 2　　　　　　白马回头 3

要点：拧、旋、穿、翻乾坤棒，神聚形整，两手适当用力。

6. 雀鹰旋巢

扬右臂开肘，乾坤棒滑过肩头，左手自然离开，掌稍向上停在右腋前。右手拉起运棒到后背。（图雀鹰旋巢 1）

同时，右足外展落步，带身右旋势，不停，乾坤棒往左过头。紧身右旋一周，三步到位，踏落三点，右手持棒过身下旋，带、抽、劈、撩，眼神追棒。（图雀鹰旋巢 2~3）

待正身到位时，右手反臂撩击，右腿弯曲独立，左足藏后，足背贴右小腿肚，左臂折曲，

雀鹰旋巢 1

肘外射掌下按，扭头视棒。反复单操，领会圆活之趣。（图雀鹰旋巢 4）

要点：紧身右旋棒，带行三步，步眼定要准确，节奏自然，挥棒有力，此动作不紧不慢，脚步轻巧，独立稳健。

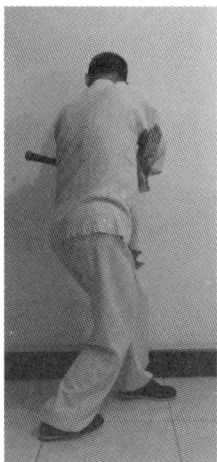

雀鹰旋巢 2　　　　雀鹰旋巢 3　　　　雀鹰旋巢 4

7. 珠箭穿心

右手撅棒，身自然转向，左手随之反托，眼顺前掌面视去。（图珠箭穿心1）

稍停，右手向前穿棒，过左肘直击，两手交会，左手偏后督抵右手端圆墩。同时，进左足落定，右足相并，身自然下蹲。（图珠箭穿心2）

要点：体悟弓道，两手交会动势不断，手法细腻，右手穿棒如珠弹飞、羽箭行。

珠箭穿心1　　　　　珠箭穿心2

8. 巧女纫针

撤步平拉棒，眼神随形，突然向右展身，两手向上悠棒，右手斜向前冲，左手臂掌着力，做出向右上方拦击之动，左手腕顺击右肘窝，腿自然小弓助势。（图巧女纫针1~2）

稍停，合右足成并立式，同时，回转腰身，两手速拨旋乾坤棒，两臂掌动作如前，但方向相反。（图巧女纫针3）

紧接左拦，两手在胸前倒转乾坤棒，左臂折曲，左手抓扶棒体锥把到左肩窝处，右手高位紧握锥把轴向用力，使后端圆墩抵压肩窝。同时，左腿向外滑出。（图巧女纫针4）

接着，左手扣腕反臂贴身左侧向下插去，右手自然相随，身稍斜，棒到位时，两手上下有争力。（图巧女纫针5）

稍停，左手向上提棒过腋窝旋拨而出，随动合左腿，右手自然舞棒于身左上位。（图巧女纫针6）

随后，身稍右转，左手高起抓棒着力，送棒体之圆墩抵压右肩窝，再反臂插棒与回身提棒，旋拨腋窝，回身。诸动同前。（图巧女纫针7~9）

要点：先前左右拦击脆快，动势如虎。后手左右旋拨舞转乾坤棒，

巧女纫针1

巧女纫针2

巧女纫针3

巧女纫针4

巧女纫针5

巧女纫针6

巧女纫针 7　　　　　巧女纫针 8　　　　　巧女纫针 9

插滑自然争力含蓄，过腋窝心巧，拨力韧沉，两腿左右滑移紧密配合，眼神随形，动之活泼，身斜式正，勤练出新。

9. 串雷贯耳

右手翻棒，此端圆墩从右腋窝拨出，成两手在胸前端棒。不停，两手向右运棒时滑过圆墩自然抓握锥把。紧接着，左手抵推圆墩向右，在乾坤棒向右过胸口时，右手滑把掌心抵圆墩之时，身往左转出左足，再进右足落在东南方。（图串雷贯耳 1~2）

同时，两手急速向东南前方击棒。（图串雷贯耳 3）

两手运棒往右肋处，两手沿棒体轴向倒

串雷贯耳 1　　　　　串雷贯耳 2

把换向，此时，身左转，左足外展进步，紧接着，左手抵推圆墩向右过胸口，两手巧过圆墩倒棒，再进右足落在北方，同时，两手急速向北方击棒。（图串雷贯耳4~5）

接下来左转身移动，两足与倒手滑棒要领相同，只是第三棒击向西南且位置偏高。（图串雷贯耳6~8）

要点：左转身不停，脚步扣落自然，回环倒手连绵、击棒有力，熟能生变。

串雷贯耳 3

串雷贯耳 4

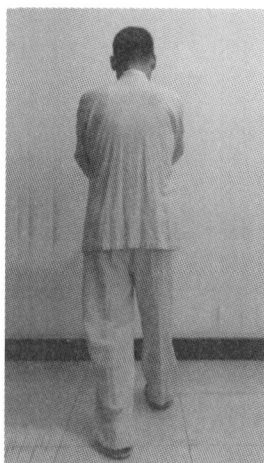

串雷贯耳 5

串雷贯耳 6

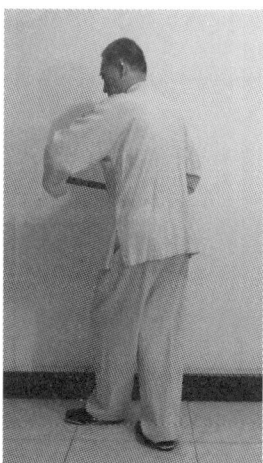

串雷贯耳 7

串雷贯耳 8

收

接上式，两手拉棒到胸，然后自然左手握棒垂落身旁。同时，两足协调并步站立如前，身体放松。（图随心．收）

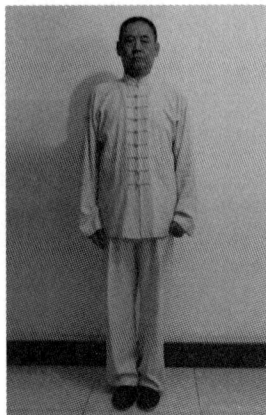

随心．收

后段九式

随心乾坤棒后段九式名称

起

1. 入地冲天	2. 蝎子撩尾	3. 青蛇卧藤
4. 怀中取书	5. 拐仙挥杖	6. 单臂劈山
7. 黄牛犁地	8. 穿梭织网	9. 灵猿献寿

收

起

并步正身，左手持棒，准备动身起棒。（图随心．起）

1. 入地冲天

身起，左腿提，右手向前滑，两手抓棒。（图入地冲天1）

稍停，左腿向后一步，身下蹲，两臂捋带乾坤棒，左手端圆墩冲捣，眼神顺棒后视。随

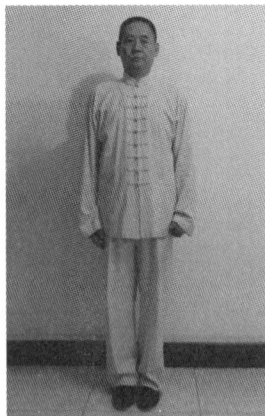

随心．起

后，身起顶右膝步独立，同时，两臂向上，左手冲棒右手回捋助力。眼神随形。（图入地冲天 2~3）

要点：虽然运棒下捣上冲似行直线，但在移动中有棒体轴向之转，细心把握。

入地冲天 1　　　　　　入地冲天 2　　　　　　入地冲天 3

2．蝎子撩尾

右腿向后退一步，身蹲，左足掌点地，同时，左手持棒向左后掸击，左臂微曲，身自然向左拧，右手相随助势。眼神随形。（图蝎子撩尾）

要点：退步要轻灵，左手棒击要有力，蓄收得当。反复操练。

蝎子撩尾

3．青蛇卧藤

左转身，左足进一步，左手棒起端平，右手接握停在身前。接着，上右步两足并齐，身直腿微弯，两手拉棒横贴腹部。（图青蛇卧藤 1~2）

随后，两手交叉拧棒，左臂在内滑穿，左肘尖抵压右小臂腕处，将

青蛇卧藤 1

青蛇卧藤 2

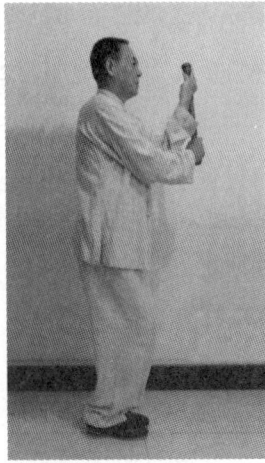

青蛇卧藤 3

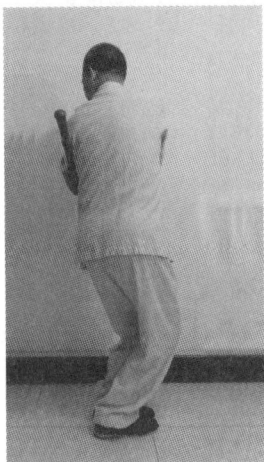

青蛇卧藤 4

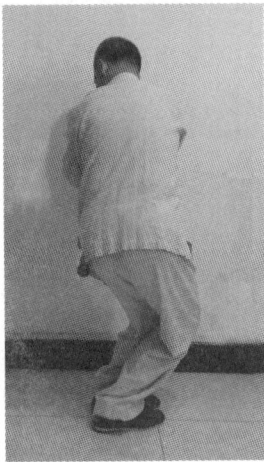

青蛇卧藤 5

青蛇卧藤 6

乾坤棒上下拉起。（图青蛇卧藤 3）

　　随即左肘尖滑出，身速左转，棒滑过左肩头后，左手松开，收在右胸前，右手持棒，身蹲，眼向后视。（图青蛇卧藤 4）

　　不停，身再下蹲并尽量左转，同时，右手持棒下压。（图青蛇卧藤 5）

　　稍停，右手先将棒的前端圆墩下沉近地，再从身后弧线向上、向身前展开、右臂拉起，随右转身左手自然抓棒下端锥把，同时，进右步前弓，到位时，两手前推直棒。眼神随形。（图青蛇卧藤 6）

要点： 进身移步与两手旋拧翻穿乾坤棒要随身柔转，上下升降配合到位，式缓、力含蓄，最后的弧线拉棒，幅面要开阔。

4．怀中取书

右腿后撤，足掌点地，同时，右手向身前下方压棒，左手自然翻拨，此动棒在胸前旋翻。（图怀中取书1）

不停，左手压棒向身前贯力，将乾坤棒劈出，同时，右足踏实，左足进一步，到位时，右手握把，左手压棒，眼神随形。（图怀中取书2）

怀中取书1　　　　　　怀中取书2

要点： 翻棒劈击力贯千钧，力点要准确，步眼稳健踏实。

5．拐仙挥杖

身轴左转，带动左足后退，同时，两手变把抓棒，滚压腰部左侧。稍停，身右转，带右腿旋落。眼神随形。（图拐仙挥杖1~2）

要点： 移步滑行，左步为撤，右步为开。

右手抽棒从腰间速出，直臂平棒向身右侧击打，右腿弯曲承重，左腿顶膝横足，左手扶左大腿面。眼神随形。（图拐仙挥杖3）

要点： 贯力横扫，掌握好身体平衡。

拐仙挥杖 1 　　　　　拐仙挥杖 2 　　　　　拐仙挥杖 3

6．单臂劈山

左腿前落，右臂垂，身左转的同时，右手从下往身左侧抡棒，左手一直扶右小臂画圈，到面前横棒稍停，此时，右腿向前顺足落定。（图单臂劈山 1~2）

然后，向身前劈下，左腿后坐，身自然前倾，臂棒一线，圆墩向地，眼神随形，此时，身体自然右转。（图单臂劈山 3）

要点：抡劈弧圈大而圆，力道浑厚。

单臂劈山 1 　　　　　单臂劈山 2 　　　　　单臂劈山 3

7. 黄牛犁地

向后拉棒追右腿，右足向后移，足尖点地，身稍起，眼神随形。（图黄牛犁地 1~2）

速右转身，棒追右腿使其退一步，刚顺步，左足即进，同时，左手向前捋棒。此时，身微蹲，两手平持棒。眼神随形。（图黄牛犁地 3）

要点： 棒追之式心细形巧，右转身及时稳健。

黄牛犁地 1　　　　黄牛犁地 2　　　　黄牛犁地 3

8. 穿梭织网

左手向怀中收棒，右手紧密配合向下沉棒，身自然下蹲。

接着，左足擦进一小步，右足跟进并齐，身下蹲，同时，右手持棒抄底，用前端圆墩撩击，到位之时，右手回捋，左手灵巧地滑过此端圆墩，两手交汇握棒，臂棒一线在身前下方。（图穿梭织网 1~3）

身起，两手拉棒旋舞，身先向右移再左转，

穿梭织网 1

两足移动与两手在身前舞棒翻花，身逆时针转动一周，两手起落前后三次，最后一次，两手小臂交叉将乾坤棒托起。（图穿梭织网 4~9）

双手拨转乾坤棒，从上向下动势不断，最后将乾坤棒拨在身左侧立。眼神随形。（图穿梭织网 10~13）

要点：身轴转动，两腿足寻位踏落，两手舞棒翻花不停，周身带力，乾坤棒在两手多向舞动时，要掌握好棒体轴向之转。

穿梭织网 2

穿梭织网 3

穿梭织网 4

穿梭织网 5

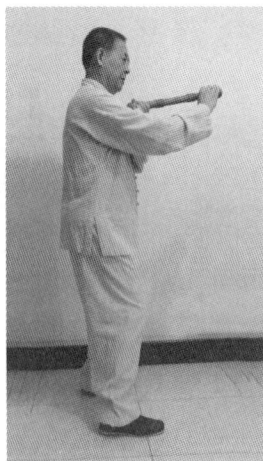

穿梭织网 6

穿梭织网 7

穿梭织网 8　　　　　　穿梭织网 9　　　　　　穿梭织网 10

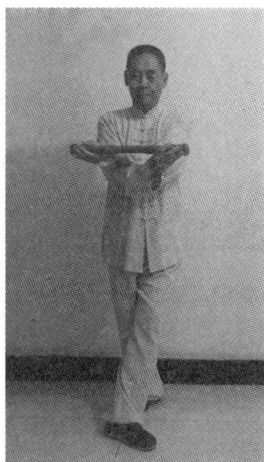

穿梭织网 11　　　　　　穿梭织网 12　　　　　　穿梭织网 13

9．灵猿献寿

身转势不停，在右腿前进、落足之时，左手速握旋掯带乾坤棒，拉在身体左侧，眼自然左视。（图灵猿献寿 1）

两腿足不动，两手拧棒从下向前上方钻冲。（图灵猿献寿 2）

最后，右手抓棒不动，左手沿棒轴方向向前推，到乾坤棒中段后再握抓，眼视乾坤棒。（图灵猿献寿 3）

灵猿献寿 1　　　　灵猿献寿 2　　　　灵猿献寿 3

要点： 挬抓与旋钻劲力不断，用之柔韧到位。

收

身向前，进左腿并立，右手向下抱左手，两手立棒于身体右上方，眼神随形。（图随心．收1）

稍停，两手平移乾坤棒到身体左侧，然后，两手下落分开，左手持棒收落在身体左下方，右手自然下垂。眼前视。（图随心．收2~4）

要点： 两手在身前立棒左右云揉，可做两次，从高处向下落，自然回环。

随心．收1

随心乾坤棒为武术套路，分前段、后段，也可以两段合起来练习。

设计套路为连环演练，应用乾坤棒做单手或双手持棒的动作，以其

  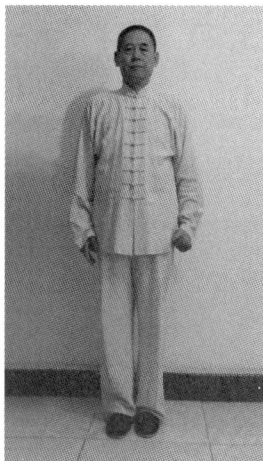

随心.收2　　　　　　　随心.收3　　　　　　　随心.收4

特有的长度及特点，做出拧、旋、转、穿、摩、滑、滚、压、劈、格、捣、冲、豁等技法，其形有隐有现，刚柔合身，动作编排紧凑合理，并且具有变化的空间。

空星刺谱

空星刺谱诀

1. 抱拳揖礼

起手畅身，环臂当胸。

抱拳揖礼 1

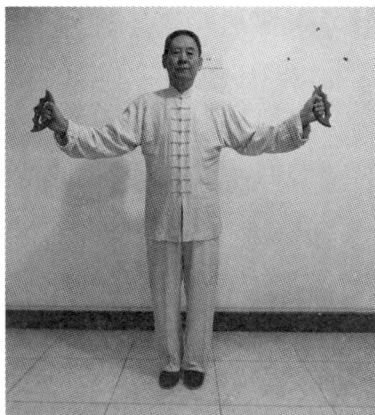

抱拳揖礼 2　　　　　　　抱拳揖礼 3　　　　　　　抱拳揖礼 4

2．清风拂莲

蹲身十字，压托剪拨。

清风拂莲 1　　　　　　　清风拂莲 2

3．天竹吐翠

并步横马，节节拔青。

天竹吐翠 1　　　　　　天竹吐翠 2　　　　　　天竹吐翠 3

4．金狮戏球

活泼踏搬，腰柔
气行。

金狮戏球 1　　　　　　金狮戏球 2

5．鲲鹏展翅

平地升空，擎托
逆旋。

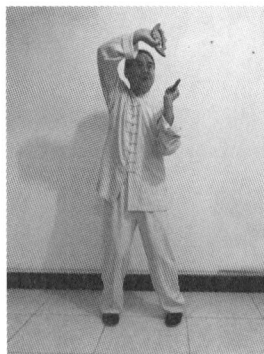

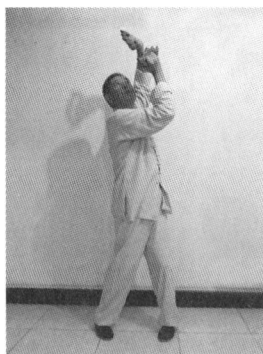

鲲鹏展翅 1　　　　　　鲲鹏展翅 2

6. 蝙蝠来临

双拧落翅，藏宝跪子。

蝙蝠来临

7. 卷蔓牵藤

探取收合，齐举敬天。

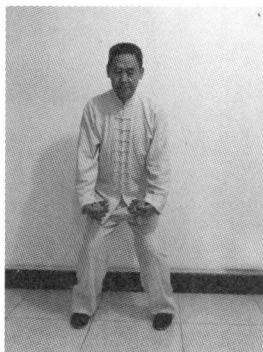

卷蔓牵藤 1

卷蔓牵藤 2

卷蔓牵藤 3

卷蔓牵藤 4

8. 童子开弓

先抱后张，意向神射。

童子开弓 1　　　　　童子开弓 2

童子开弓 3　　　　　童子开弓 4

9. 推窗望月

下退上进，推星亮月。

推窗望月

10. 蜂蝶点蕊

折肱摇臂，顾盼巡回。

蜂蝶点蕊 1

蜂蝶点蕊 2

蜂蝶点蕊 3

蜂蝶点蕊 4

11. 铁臂担山

松肩沉肘，竖脊挑重。

铁臂担山 1

铁臂担山 2

铁臂担山 3

12. 移花接木

红绿争艳，栽花培树。

要点：反复单式操练，再连做成套路。

  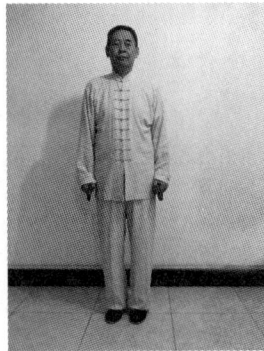

移花接木 1　　　　　　移花接木 2　　　　　　移花接木 3

空星棒及其他器械

空星棒是道宗八卦独门器械

师口述第一代空星棒刺棒同体；第二代缩变为刺钩，双手持握，为铜器；第三代铜制或木制，双手握把。也可以加工黄铜器具如乾坤铃、空星刺。

练习方法如上文叙述。

黄铜空星刺

上：第二代空星棒
下：第三代空星棒

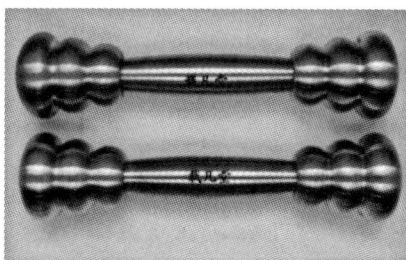

乾坤铃（常人）
每只重1.5千克，成对使用

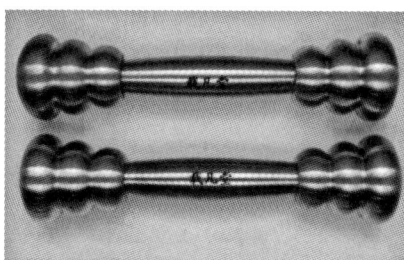

乾坤铃（儿童）
每只重0.5千克，成对使用

空星棒（第一代）动作

空星棒1   空星棒2

空星棒3   空星棒4   空星棒5

第六章

养生健体

秘授卧功

养生功法原传多为口授，凡秘旨要点处，均单独身教，并且有"真言不过六耳"之说。今以诚心下传，想先师神灵感知而欣慰，故整理成文，将其中秘法公之于世。文字力图通俗易懂，以代言传，使功法能够存留，并得到继承和发扬。

舒筋探爪

此功为养生筑基第一手，它不但能炼气、开筋、增力，而且还能畅通身之中道，生阳和阴。

1. 手功

早晨醒来，全身（平躺）处在松软状态，行功者凝神静息。然后，心意萌动，双小臂折曲，双掌握空拳轻放胸前。待唤起精神时，悠然起动右手，随翻转随上伸，并变掌向上，顺右耳过头顶，再向头上方极处用意探去，使肩在放松的状态下，手臂三节尽意伸长。此时两眼可以轻闭，眼神随伸出之手。

略停，用意用力渐抓渐收，指曲掌空成雷掌。随下抓手臂逐渐内旋，右手从头顶沿面侧而下，到胸部原处缓缓放松轻触之。眼神内视，自然随手而回。

略息，再以前法做左手动作，反复练习，左右各做 3 次或 6 次、9 次。

这个动作能使气息进出自然，按摩鼻腔，利于心肺，还有提神醒脑、舒气开筋和养气生力的作用。

雷掌

要点

静、动自然，松、紧得体，得法后赤龙（舌头）滑舌根、腭堂，津液随生，可频频吞咽，以养阴助阳。

一侧手臂在做功，身体的其他部位一定要保持松静。换手臂练习，自然做好动作与气息的伸吸抓呼之往来，并且一定要留有心息调整时间，切记：随动作的到位，每吸足气后，清气怡神，要闭气 2~3 秒。而呼气时，将浊气排尽后也要闭气 2~3 秒，做好呼吸随形并放慢呼吸频率。练者好好地体悟松、紧变化之妙，形之所成皆由心神谱就。

练功中也可以赋予新的意境，就是将手探入远空中，采来清灵之气收纳胸中，以此来修真养性。

2．足功

身平躺，屈腿分足，身体放松。然后，双手指分，搂抱右腿腘窝，中指抵委中穴，接着搬大腿向胸使臀部微起并牵动后背，此动带动小腿。此时调匀呼吸，跟着上举右小腿并蹬足，使腿足诸筋伸张。动作中两手中指自然着力抵压委中穴。

蹬起后略停，小腿带足，着意放松，然后，再蹬起，如此 9 次（或 7 次），慢慢放下右腿，放松静息。再按前述方法起左腿，同样做来。

此为一回，可做三回，根据个人练习情况，蹬落方式可以变化。

要点

蹬足为要，而且要尽量向上，大腿两侧筋及足趾筋全然伸张。此动阴阳和谐，养气生力。两手中指抵压委中穴力度适中，祛腰背之疾。经常练习自然得法。呼吸顺畅，吸之入丹田可养气，呼之以鼻喷，丹田、命门、会阴相聚，养肾生精亦保肝脾。凡蹬起时呼气，松落时吸气。

踏波划水

此为足踝揉筋法。

练功时要领悟"踏波"之意境和"划水"动作的内涵，并要掌握动作的协调性，使两腿、足踝、足趾得到有节奏的运动。同时，两眼要内视两足的抓收，使眼球随节拍转动，此式上下呼应，有提神醒脑和明目之功，还能使足三阴、足三阳经脉畅通，火平气顺，水滋神养，人体诸经络自然和谐平衡。

身平躺，两腿分开，自然调好两足间距，保持身体的放松，动作时足掌、趾适当用力，开合自然，使足部肌腱、筋骨开伸。

1. 双脚同时、相对向内转

做时双眼轻闭，眼神通过鼻尖看两脚，内视随形。两足同时转踝，足掌、趾向内摆动到两足趾接近时，两足尖用意向前下方探伸。然后，随向下转摆，两足自然向两侧分开，随之两足掌、趾又向上摇起，再同时向内转摆。重复以上动作，次数以 9 的倍数连续做来，练时默念之。

2. 双脚同时、相对向外转

上动之后，两足静收成自然状态。双眼轻闭，眼神内视两脚。在足趾似乎接近时，两足掌、趾同时着力上扬，加意引向膝处，然后两足同时转踝，使足掌、趾向外摆开，并加意过膝盖上方画圈而转，由于加意过膝画圆，必使膝关节收动，随之，自然会有膝部顶起之状。

随后，随两足分开，足掌、趾向外下顺直，两腿会自然放松，两足尖也自然会靠近而收。

接着，再做两脚转踝，两足掌、趾着力上扬，重复以上动作，做9的倍数次。

要点

做1、2式动作，要掌握好由意引形，两眼内视，随脚而动，两踝关节的着力要随足掌、趾的上扬而适度，一定要把握好足掌、趾的紧松、快慢节奏。

3. 左足顺时针，右足逆时针，做交叉向内下的转动

左足转踝，足掌、趾向内（顺时针）向下，足尖朝向右足心而划摆，通过右足心后再向下探伸。与此同时，右足要自然向外闪转，亮出空间来。

待左足拧转收回时，右足随之起动（逆时针），朝向左足心并向下探伸。与此同时左足自然向外闪转，亮出空间来。按此要领重复，做9的倍数次。

要点

要掌握好足掌、趾闪转的时机（协调时间）和交叉拧划摆动的松紧节奏。两眼轻闭，随脚的旋摆（眼内转）而内视。

4．左足逆时针，右足顺时针，做交叉向外上的转动

两足尖自然向内相近，左足尖倒向右足心，过右足心向上、向外（逆时针）划摆，右足自然闪转，亮出空间来。在左足掌、趾着力向上扬时，由意引过膝盖，再向外画圈摆开，此时膝屈顶起。右足同时做顺时针的向外下顺直放松，随后，左腿自然放松，膝落腿顺，左足掌、趾亦向外下，就在左足向下之空当，右足由下向上再向外（顺时针），足尖过左足心而划摆，同样，由意引过膝盖，向外画圈摆开。左腿自然放松顺直。重复以上要领，做9的倍数次。

5．两足掌靠近，做交叉旋动

在外的一足滑摩另一足的足背及其内侧至足尖，被摩之大足趾抵挑在外足的涌泉穴而旋出。而后，形成新的两足掌靠近，再按前面的方法重复做9的倍数次。

要点

做上面3、4、5的两足交叉转动，心身要松静下来，琢磨好式子的细节，做时一定要掌握好两足转摆的空当，巧做交叉旋动。两腿、膝、足的松顺和上扬，要富有节拍，紧松得体，舒顺自然。两眼轻闭，随脚的旋摆而内视。

做完上述动作后，两脚放松，然后两足尖向前，再同时加意做抓收足趾缩向足心的动作。每抓1次，稍停一下，之后自然弹伸复位并带动足跟前蹬。如此做9次。

做这个动作，根据个人情况，可以不露出双脚。之所以露出双脚，是因为考虑到这样能做得好一些，也就是说做得能够到位。同时，也要看室内的温度是否允许，有条件的可以把双脚露出被外，做完以后，再把被子盖好，注意脚部的保温。

一天中，早晨做一遍，晚上睡前也要做一遍，或者是在傍晚的时候做也好。它可以消除疲劳，有利于安眠。

总之，在做踏波划水动作时，虽说意、形在脚，但已然将气血运及全身，还能将身体自然牵动，此时，一定要把握好心息的调整时间，再有就是腰部要放松。

无论怎么变换，都要保持身体的其他部位自然放松，静动虚实，神情怡然，神思专注，以意率眼耳而视听。此式可行血运水，有利于血气下行而使血压正常，又可清肝胆、健脾胰，并且还有近养肾、远养心的功效。同时，还能促进肠道的蠕动而润滑清便，使人洁净爽快。

在练习时，由于体内气血的运行及两足旋动的特点，口会闭合，舌亦会自然抵紧上腭从而源源不断地分泌唾液，将之含在口中，动作做完后，如能轻轻鼓漱而分数送咽腹中，效果最佳。

摩膝摆尾

此功的要点是摆中带摩，可以开活脊柱各关节、韧带及椎间盘，增加脊柱的弹性，并且还能打通周身血脉。

此功有两法可习练。

晨醒后和晚上睡前练习两次。平躺在床上，低枕或去枕。起双臂，两手掌托抱或捧抱后脑。

（1）托抱：两手指叠，左手贴枕骨两旁，右手置于其下托抱之，有定昆仑、使心神安详之态。

（2）捧抱："六爻指"，两手掌开，中间三指以楔、榫状插接捧抱之，

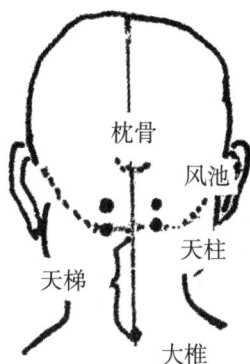

脑后穴位（部分）图

有抵脑后穴之妙用。

唯抱后脑不同，余者一样，两臂屈肱亮翅，肩背放松，畅胸顺气，调匀呼吸。

1. 摩膝摆尾（一）

躺在床上，两臂上起圈臂开肱、松肩，两手托抱昆仑（头部），两腿屈收，自然拢夹，两踝尖轻抵。

调匀气息后，两腿一起先左后右做侧摆，尽量近床。因两腿拢夹，动作时自有摩膝之动。

此动宜缓，两腿摩中有随有助，有托有负。力之韧，气之顺，功者自可体验。由此产生扭脊，间盘自活，摆尾有之。

同时，开筋舒肌，呼吸自然得法，何必劳神惦念！

连续做 18 回合（左右两摆为 1 回合），调整一下躺卧身姿，再做 18 回合。

师嘱此功要经常习练，有修真养性、延年益寿之功。

2. 摩膝摆尾（二）

收腿合膝夹马（膝内相互贴靠），两足分开约一尺。

式定后，开始做臀部的左右摆动，形成扭腰胯和晃动脊柱的动作，动幅从小到大柔缓做来。此时，尾椎骨抵摩床面，又有两膝相擦（作用于阴脉）而产生热感滋润之。

此臀部左右摆动，有似离非离之势，动幅大小、速度快慢，由人调整。

动作特点

肩背放松有助于左右扭腰，摆动臀部又有益于脊柱揉摩，肌肉骨节得以舒松开活。拢腿贴膝随臀摆，自然产生两膝（腿）内侧相互摩擦的连锁动作，又能畅胸顺气。且动作富有节拍，自能提起精神和愉悦心情。

开始练时，动数（左、右动为1次）18次。歇息一下，歇时全身放松，随后，再做一回。

练时动幅宜小，节奏要缓慢。行功随日而进，扭腰和晃摆脊柱的动幅、节拍及次数也随之增加，可根据个人的情况，连续做36次、72次或更多，之后再歇息放松。但要根据自己的年龄、体质而定，不可强求。

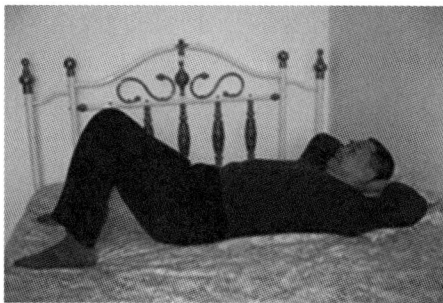

摩膝摆尾（二）

可以功课二度，但须在做完一遍后，两腿自然伸展放平，保持两手托抱或捧抱头式不动，放松身体各部并调匀呼吸。歇息之后，再做一遍。这时，练者要稍加动幅及速度，或变化功式，摩己腰部、背部，使之生热来润泽腰肾或心肺。

练者随功进而技增，自然能掌握人体中轴之动，可有效地活动颈椎、胸椎、腰椎、髋骨、骶骨和尾骨。此功善通督脉、冲脉和膀胱经脉，而摩膝亦可通活脾经。虽摆尾在臀，实则为摩擦骶骨、尾骨、坐骨等，只要微变功式，就能激通八髎（音辽）和丹家修炼要地——尾闾，可养肾生精、化髓还脑。

摩摆的动幅与丹田和命门的"呼""吸"，能使体内脏腑得到深层次的荡摩，不但能清除体内淤积的废物，而且还有利气血、水谷通运，提高体内脏腑功能，改善新陈代谢。经常练习可促进血管软化和血压正常，又能和肝利胆，健脾保胰。

随节拍加快和动幅加大又可增进心肺功能，也就是说躺在床上也可以做有氧运动，虽然呼吸加深，但是练者不会喘。

提醒

练功时，身着衣服轻便些为好。练功后歇息时，有感口中唾液分泌，如能搅津并鼓漱，再将其分数送咽为好，会有数珠滚落之声，可眼视、耳闻之。

做完后，两腿伸展放平，两臂掌收在两腿外侧，掌心向下，全身放松。

只要用心练习，就能获得收益，从而增长技能，进阶悟道。

相关知识

脊柱——具有支持躯干、保护内脏、脊髓和进行运动的功能。

髋骨——组成骨盆的大骨，左右各一，形状不规则，是由髂骨、坐骨和耻骨组合而成的，俗称胯骨。

骶骨——腰椎下部五块椎骨合成的一块骨，呈三角形，上宽下窄，上部与第五腰椎相连，下部与尾骨相接。

扶摇昆仑

身体平躺在床上，静心松体，两臂弯曲上举，两手适当抱住头部，手指分开，只有中指、无名指、小指相对，压在头顶，准备做下面的动作。

（1）双手压运头皮，沿面部中线方向上下推拉，使头皮与头骨间产生滑移。

这个动作做出来很富有节拍，可带动整个身体产生共振而微颤，自有内气通贯泥丸宫至涌泉穴间。做36次。

（2）双手抱住头部，分别做逆时针和顺时针方向的推旋头颈动作，并加意随旋随上提。各做18次。

（3）双手抱住头部，向后脑方向搬动，然后再扶正。开始做时手要轻、缓，幅度也要小些，渐渐适应后再搬扶到位，可助内气沿尾闾过腰行脊，顺天梯通达泥丸宫。

擦胸润肋

在胸中和肋胁部位做按摩，下面分别叙述。

1. 推摩胸中

练习此功首先要静思心安。

两眼轻合，神注祖窍并下鼻准到鹊桥，这时自然会舌抵上腭。然后再起手摩推任脉一段，在出现摩擦声时，要以耳听之、以眼寻之，用来连通任脉和督脉。

用力适当，使被推摩的主线及周围邻近的皮肤发热，可促使内气通顺，清心化痰，生津增液，宽胸利膈，避免咽干、咽喉肿痛等。

这样的机械刺激，会使这一范围的组织和器官血液循环改善，从而增强胸腺的分泌功能，大大地提高了人体免疫能力。此功方法简单易学且功用可靠，请认真阅读习练。

练习方法

身体平静地躺在床上，伸出单手，手指弯曲，用大拇指后节及鱼际部分，推摩胸部中线，即沿任脉从颈下到胸剑突处，所经穴位有鸠尾、中庭、膻中、玉堂、紫宫、华盖、璇玑等。

手法为压腕起掌，手指弯，用拇指鱼际位，先左手上下推摩 108 次，后换右手再推摩 108 次。自然换手连续摩胸不停，来回为一次，推摩速度以每分钟约 60 次为好。

起初做时，单手做 108 次手臂会有酸痛，这时可以调整一下次数，如做 36 次或 72 次，但是，一定要做好左右换手而且还要连续不停，总

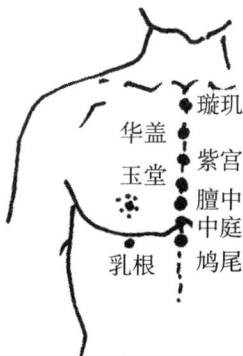

胸部穴位图

数在 200 次以上。

2．推摩肋胁

练者要心静神安，两眼轻合，神注肋胁部位，手掌指自然伸开，抚按胸侧。起手摩动有声，要以耳听之，眼也要内视其动，用来通畅此处所布肝经、胆经。

用力适当，使被摩推之处大片生热，促进血脉畅通并润泽脏腑，使之气脉活顺，尤其是有利于肝胆解毒消炎，祛疼痛，又能理活带脉。抵腋窝通心，可除心火。

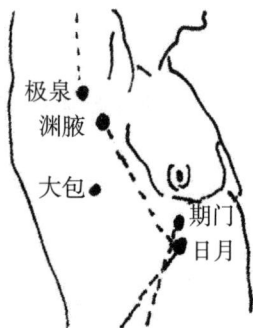

右胁穴位图

练习方法

身体平静地躺在床上，向外顶右肘，右大臂稍上抬，使右腋张开，伸左手掌抚按右侧胸肋，食指、中指、无名指头节指肚顶于右腋窝，适度着力顶抵极泉穴并适当停留，然后，食指、中指、无名指适度着力向下平摩右胁；稍停，掌开，全掌适当着力，从右胁下向上推，到右腋窝时，收掌心，食指、中指、无名指头节指肚自然顶抵极泉穴。此为一次。往返做 18～36 次，速度较前动稍慢。做完后，左手臂自然落在身体左侧并放松，再按此法换右手继续做来，掌握方法后，两手轮换做来。

此手法可以很好地舒顺足厥阴肝经期门、章门和足少阳胆经带脉、京门、日月等穴，同时，也按摩了足太阴脾经大包穴及手少阴心经极泉穴处。

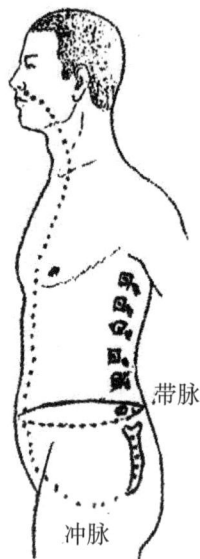

带脉、冲脉图

练习时间和注意事项如下。

以每天的早、晚，在床上做较好，做时要保持皮肤的干燥滑爽。

在实际练习中，刚开始做时，手的压力要小一些，速度慢一些，让皮肤自然发红发热，渐渐适应了，手法再适当加重、加快一些。

手法得当能使热力在一定范围内扩散，并使之渗透，滋润心、肺和肝、胆、脾、胃。

练习过程中，会出现皮肤不适或起丘疹而结痂，这段时间一定要坚持，适当调整手法，会克服和适应这些问题，慢慢地结痂就能自然脱落。这之后，就不会再出现这种情况了。

练完时，身体会感到很舒服，心情愉悦，口内也生津液，功者要养成以意送咽的好习惯，自能滋养身体。

龙虎添阳

人有三宝：精、气、神，并有先天三宝与后天三宝之说。

1. 先天三宝

是由父母结合，而后坐胎成子，在母体内凝聚之三宝，是内功修炼的要点。

（1）先天精，指的是元精，潜在的体能。在修炼内功时，静极而动，并可采用一定的功法，使精化气，增强体质。

（2）先天气，指的是元气，也叫真阳之气。胎儿在胞中由脐带进入的体内之气，它分布全身，一般人不易觉察。练功者所修丹田气功，就是炼的先天气，而且功深者可结"气团"。如能与神相交，并收纳到中宫，久之先天气可在体内自然而转，滋养健身。

（3）先天神，指的是元神。修功进入静定状态，头脑空之，无思无虑，且不知呼吸之境界，即元神主宰。有安神、开慧、增智之功。

2. 后天三宝

就是人的自然生命活动规律。

（1）后天精，指的是男女交感性溢之精，它是人类繁衍的根本。

（2）后天气，指的是人进饮食水谷之后，在体内运化所生之气以及口鼻呼吸之气。

（3）后天神，指的是人的思虑之神，即大脑的思维活动。

人的生命规律，是从无到有，再由有到无的过程。人在社会生活中无时无刻不在消耗自己的体能，并减弱护卫人生命的真阳真气。如果不能很好地把握七情六欲，则会精尽、气弱、神衰而命夭身亡，此称之为顺行。若要提高生命质量，则应逆而炼之，使精化气，气化神，神还虚，使身体由弱变强健而延年益寿。

古人在这方面，有很多有益的功法。如道家丘处机的"大丹直指功"的三成九法，又如佛家五祖弘忍夜传六祖惠能之事，五祖空身遮围袈裟所传断淫根之命功。虽然以文论述功法，但是具体的练习方法，都没有或不能叙述，这是因为传承有择，方法多以口授秘示，它们的共同之处，就是都有兜外肾（男性）的动作，此为功法的特点和根本。

各有奥妙，龙虎添阳功也属于秘传之列。此"龙虎"二字，有两层含义，其一：龙比喻心火，虎比喻肾水。人的性欲皆由此龙腾虎奔而为，凡修炼保住真阳肾气者，要有降龙伏虎之法，使肾气与心液上下往来相交于中宫。其二：左手如虎，右手似龙。"添阳"二字，添者增也，阳者寿也。

本功原为道传，后流落民间，属秘传大法，有启动真阳并使之运行而滋养健身之功，但是练习者不可以玩物引邪以及淫逸生事。功法中的有效控制性欲和稳脑思、定心气的方法较为具体详细，以心意象形之术锻炼身体，可使人延年益寿。阅者习者，应以此法提高品德修养，增进身心健康和强壮体质。

练习方法

身体松静，低枕平躺，两眼轻闭，两腿分开，两足跟稍向外展，使足尖向内。

静息片刻，双手先左后右兜摩滑拉睾丸，即手指合拢，掌心含空，中指置于会阴处，掌托兜睾丸并适力向上拉掌而生热。每手做9次，两手接续兜摩滑拉要自然，似乎不停，为的是保持热量渗透。

随后，左手握住阴囊，适当按握两睾丸、精索和阴茎根部，这个动作可稍有疼痛感，要以能忍受为度，而且，又可以不使阴茎勃起，为的是精气不泄。一定要掌握好，这是一个很重要的手法。

右手自然顶腕，并显有立起之状，用拇指点按并适力压入肚脐，其余四指自然伸直，食指稍起紧贴中指，使中指得力，此掌形恰似龙爪。

然后，开始做右手掌的开合，并沿肚脐到阴茎根部的直线范围，进行往返按摩。右手以蠕进手法，以中指指肚前推后拉，走线或长或短，力度适中，并兼有搓法。做时腕动掌移，要使摩擦生成的热力透进丹田。应掌握手法的快慢，以保持热量的积蓄并使之渗入。

右手运指速度，先由慢动开始，逐渐增快，以推拉往返为一次，每分钟80~100次，总共要做800次，这样才能有效果。但是，右手指腕及小臂会产生酸痛与不适，这时，只要坚持10多天，慢慢地自然适应，同时，也掌握了调整

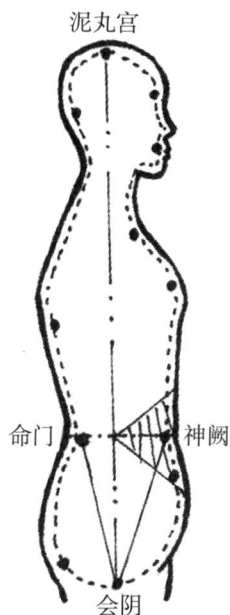

泥丸宫

命门　神阙

会阴

小周天循行图

用力的方法。

练时要加意和左手配合，那么就会有右手运动时，左手抓握松紧适当，提拉能牵动会阴部，挤压睾丸就能用力适中，揉运精索和阴茎根也会有分寸。

根据双手的动作特点，得出了下面缩句。

> 抓、提、挤、揉，如虎擒羊；
>
> 推、拉、按、搓，似龙舞爪。

练习者要仔细琢磨上面的这几个字，然后再推敲一下动作之间的关系（真言多悟），正确理解"虎擒羊"和"龙舞爪"，用力之柔之透的意境。只有理解和掌握动作的特点，再加上双手配合恰当，才能够启动真阳。

首要功用为右手的拇指点按神阙（脐中），因为它可以引动真阳，加上其余指力的巧用，就会使元阳元精在体内运行。

随着功夫的提高，启动真阳并使之运行的感觉，就是热量的渗透，会有热气传到腰部及两腿，使足少阴肾经通畅，并可引动丹田、命门，真水从涌泉而上，自能滋养身体。

要点

手法太轻则作用不大，手重又会擦伤皮肤；但是，只要用力恰当，即便是微有擦伤，随着时日的增加，所起的丘疹会结痂，又可渐渐脱落，从此（功夫磨炼）以后，就不会再伤及皮肤。

练功的环境，要求在被窝内，时间是睡前和清晨醒来。

注意调整手法，保持皮肤的干燥滑爽，这是因为身、手有汗会发涩不易做，同时，又会擦伤皮肤。

选在冬季进行为好，即入冬之后的百日内。

练习三周后，一般男性会在夜间阴茎勃起，坚挺异常，这时，要力戒性交，保住真阳，不使之外泄为上。平时练时出现这种现象时，要排除杂念，可以闭目内视会阴穴并放松之，过一会儿就自然正常。此法有解除性欲之功。久之则元阳充足，功成益寿。

练完之后，慢慢松手，并将双手如兜似捧放在小腹两侧，拇指指尖抵脐中，脑想、眼视、耳听真气聚于下丹田，静养一下，随后收会阴，自然会有丹田与命门相吸之感，而使真气行运小周天，任督两脉感应内气运行三圈后，将真气存于下丹田。之后，两臂掌放松，收于身体两侧。

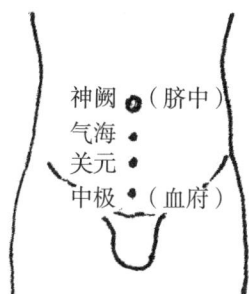

神阙 ○（脐中）
气海 ·
关元 ·
中极 ·（血府）

任脉穴位（部分）图

在练功中特别提到脑心思、眼内视、耳内听，为的是聚精会神，亦会促使口内津液自然分泌，练者如能鼓漱并分数送咽，自有咽咽之声过喉头，并下行入腹而滋养身体。

前面的示意图画出了小周天循行及主要穴位，练功者宜细察图上的点与点之间的连线，领悟其中的功夫内涵。

百日功后，凡练者都会感到身体精力旺盛、耳聪目明、中气充足。为了保持健康的体魄，可根据个人情况继续练习或阶段练习。

这里提醒一下，后续练功中如要行房事，应该在房事前停练一天，而在房事后也要有一天的养气时间，然后再接着练习，但是要保证中间的练功时间不能太少，这要根据年龄段或身体健康情况来定。

这套功法也适合阳痿者，但一定要坚持不懈地练习，直至见效并痊愈。青壮年者练后，则更加健美聪慧、精力充沛，同时，性欲相对提高，但不可纵欲贪爱。年过半百者应该保肾少泄，养练结合。

女性练习，身体仍平躺，左手掌外缘自左侧乳根穴处向右侧乳根穴处做来回揉摩，摩时左手掌指轻摩乳房，随着右手推运小腹（脐中至血府）而做弧线摩动。此时，两腿和两足会自然靠近。

此法笔录于此，有待女性试用或探索。

旋揉丹田

身体松静平躺，两肘自然垂于床上，两手轻放在两胯前小腹外侧，手心含空，手指合拢，然后，左手扣向肚脐，稍微静息一下。

接着，开始运左掌，从肚脐左侧向上、向右、再向下走圆弧，沿逆时针不停地旋揉。初起几圈宜小，以劳宫穴发出的内气去摩脐中。

随后，渐渐沿逆时针螺旋开放，来按摩整个腹部，以脑、心默数，眼、耳内视、听，共计81圈。

待左手运到胸口之下，似停非停之际，右手从右下起向胸口处接替左手，并送左手回小腹左侧。接着，右手沿顺时针方向渐渐螺旋收缩摩向脐中。仍然是以脑、心默数，眼、耳内视、听，前后共计81圈。到余下9圈时，左手向脐中伸进右手下，两劳宫穴透对脐中，一起旋完最后9圈。

随后，两手弯指叠压捧之，左手在下，拇指头节曲，其指节侧抵脐中，右手在上。脑、心存想真气聚于丹田，并以眼内视，耳内听之，做到息息归脐。

收之虽简，但有利于脏腑之间的平衡，对于调整消化功能有很好的效果，特别是肠胃有病者，经常练习，病症可以得到改善或痊愈。

女性练习方法

双手旋揉方向与上述男性旋揉方法相反，即左手起手扣向肚脐，先向下、向右、再向上走圆弧，以顺时针渐渐螺旋展开，摩81圈。待左手摩到中极穴处时，右手随之替接，并送左手回小腹左侧，右手再沿逆时针旋揉，使之渐向脐中，也摩81圈。如前，到余下9圈时，左手随动向上压在右手之上，两劳宫穴透对脐中，共同揉完最后9圈。

最后，两手弯指叠压捧之，右手在下，拇指头节曲，其指节侧抵脐中，左手在上。脑、心存想真气聚于丹田，并以眼内视、耳内听之，做到息息归脐。

要点

按摩速度要适中，手法要细腻，力度匀透，补泄得当，掌握好旋、压、推、捺诸手法。

下面两图分别画出了男、女摩腹的起手法，旋后稍停，再按各自的反方向，收摩归于丹田。古传按摩手法一般都分男女，这里仍按照原传所绘，供练习者参考。

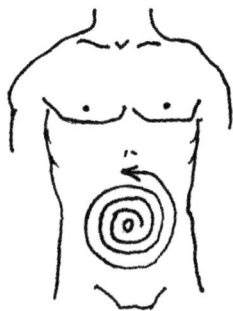

摩腹起手法（男）　　　　　摩腹起手法（女）

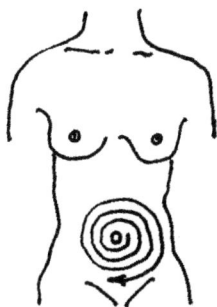

然而，人的肠循环是顺时针的，之所以按顺、逆时针按摩肚腹，为的是静心收神以便更好地引起肠胃蠕动，将其内部淤积尽量排出，从而改善肠胃功能。

同时，有两个螺旋方向的热力生成并透进丹田，有利于养生，也有益于腹内脏腑的血液循环，自然会起到排出废物、解毒生新的作用，从而改善了消化功能。

这里需要说明一下，有些气功的收功也用此手法，以达到静息收神的目的。

滚背摇弓

一整天的学习和工作，身体需要调整和休息，如果我们选在晚上来做"滚背摇弓"，那么，对身体各部的舒展和经络的顺通，会起到很好的效果。

练习方法

在床上平躺，双腿屈膝，双手交叉抱腿，头向膝盖，还要缓缓地吐出浊气。这时的身体状态是，圆身缩体，脊柱成弓，恰似缩体刺猬之状。将背弓着于床上，以举腿向上之势，阔展脊背之力，以滚背压脊法将身体向上、向前摇起。

注意此时双脚不要触及床面，至极点又向后、向下收卷，头于床似触非触之际，复又将身摇起。如此前后来回摇动，待颈酸力疲时自然而止。而后按照这种方法，往复做数次，然后全身放松，手脚平放，调匀呼吸。

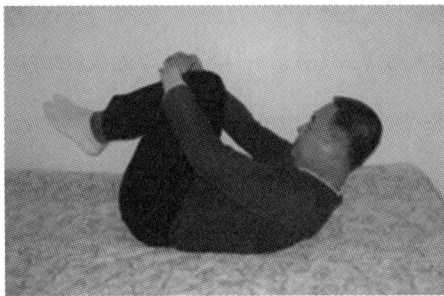

滚背摇弓

滚背摇弓之式，身团似弓而摇动，它的上抹下压能促进脊背发力。此功俗称"小刺猬"，能排除胸部浊气，调整脏腑功能，又可按摩后背诸穴，同时，它使脊柱在一天的压力下得以开活，起到了消除疲劳的作用。

这是一个很好的健身动作，在每天练功之后（下午或晚上）做一遍，对于养气养力很有好处。

要点

动作要到位，保持在一定范围内，式不可快，心不可急，注意呼吸与式的协调配合。

二仙传道

此功恒久练习，可令人至老龄仍腿足有力，行路轻捷，腰不弯，背不驼，神清气爽。

一段

自家门框，框口 66~80 厘米，身自然站立，双足尖距门槛约 12 厘米，两手掌平伸扶于门框两侧，两小臂及肘贴靠。

身向前探，凸胸腹成弓形，此时，两肘尖高过肩头 8 厘米左右，头自然上仰。静定一会儿，以此式调匀呼吸三次，用来打通气脉，注意两足跟不可离地。

随后，缓缓缩胸腹并拱背收身后拉，吸足一口气。这时，两手扶门框不动，小臂及肘离开门框侧边。

稍闭气定神，再向前凸胸腹、弓身，并呼尽体内余气。

如此呼、吸，要匀缓、深沉，连做九次，身形悠然荡动，身脊弓活，百脉畅通，胸张则肺门与膻中穴自开，后背阔展可激发膏肓、至阳等阳脉诸穴。

二段

接续，两手扶门框侧边，自然站立。

踏蹬：独立式，左腿起，大腿抬平，然后向前下方踏蹬，之后再将左大腿抬平，再踏蹬，如此 18 动，起足后连做，足不可着地。

后踹：接上式（腿没有落地），左腿起，大腿抬平，这回做腿足向身后蹬踹，足不可触地。然后收腿，起平大腿再向后蹬踹，做 18 次，最后左足落地。

接下来，右腿起再做踏蹬、后踹，要领同上，完成两种动式各 18 次。最后右足落地。

凡踏蹬、后踹，前后起一腿足而做，两动连做，起足不可落地，完成之后再落地稍息。另一腿接续而做……

舔踢：左腿起，大腿抬平，左足跟向臀，足尖向下，然后，小腿向前弹踢，足掌有向前上、足趾张开的舔蹬之势。之后，收小腿，接着再重复此动 18 次。要求是大腿抬平不动，只做小腿舔踢。

后踹：接前式（腿没有落地）左腿起，大腿平，按前面后踹动作做来，完成 18 次。

接下来，换右腿起，继续完成舔踢、后踹动作，各 18 次。

要点

大腿抬平是基础，凡起足连做，腿足不落地，做满数再换腿做。

初始练习可以从 6 次起，逐渐增加，必须规矩到位，次数只能增不能减。呼吸自然调整。

三段

如一段，可约减次数，以此收神、调息，放松身体，收式还原。

易筋经

道家真传，此功鲜为人知。其术简法精，只有三式，但通过锻炼，达到丹田呼吸与前后、左右、上下六个方向的全身抻拔，能起到凝神聚气、启动真息、健壮内脏、开筋炼膜与洗髓还虚的作用。

注意事项

练功宜选空气清新的环境，安定情绪，放松肢体。眼平视。调匀腹式呼吸。

动作内容

1. 穿云

开步立如肩宽，两手下垂。（图穿云1）

稍息，两小臂并折曲，两手掌到腹，中指抵神阙穴片刻。然后，掌动臂伸，两手臂同时在身前成式，同肩高，手心含空朝下，十指向

穿云1

| 穿云 2 | 穿云 3 | 穿云 3 侧面 |

前，唯拇指下落并松展虎口。（图穿云 2~3）

练者要有顶天立地之意，两手臂伸展时，鼻缓缓吸气，沉入腹中。

稍闭气，寄意两手掌指进入云层中。随之小腹慢慢收缩并缓缓呼气出鼻，使丹田引向命门，牵动内气沿脊上升，后背阔展生力，又顺两肩走两臂，形成两手掌穿云前伸之动作。式后闭一下气，然后身体逐渐放松，再聚神接二度吸、呼，共做 18 次。

穿云式看似不动，但随着每回吸、呼次数的增加，行气得力，由后脊背递及两臂掌前伸的力度也逐渐增强。凡吸气时，体松心怡，两掌指到达"意点"后静待不动。随呼气，传导气力使两臂掌在原达点再向前伸展，有两手臂节节向前之势。如此行之，吸、呼定会顺畅。这种微妙的运动方式，气力自然贯通两手臂，眼自然前视。

动作完成，收回两手臂到腹（怎么去怎么回），稍静，两手臂放松垂落于身体两侧，此为本式之收。

本式气力传递，脊背自然圆阔，由于心态放松，两臂自然展筋，虽次次力度递增，但两掌无着力象，这样，筋脉自然通顺而利于肌骨。

要点

手、足呼应，两足心自然含空，足趾着力，足跟似起非起，真水上行，有养肾补心之功。

练者注意：不可耸肩拔背。

2. 推山

两掌起，近胸相抱，再转掌向前，继之两臂掌向身两侧送推，臂弯掌心含空。眼自然前视。（图推山 1~4）

微停，鼻缓缓吸气入腹，沉于丹田。

稍闭气，再缓缓呼气，小腹也慢慢收缩，这时，丹田自然引向命门。同时着意双掌向外推撑，行气传力到两掌。此时，应闭一下气，双掌含空，掌根自然着力，保持两臂于身体两侧的自然弯曲，不可伸直。此为一吸一呼。

两掌推撑到达"意点"，之后要形静体松（式静待不动），再吸气入腹，随多次吸、呼传导气力向外延伸"原点"。如此推撑接连行之，

推山 1

推山 2

推山 3

推山 4

力度次次递增。

做功之时，两掌心劳宫穴亦有"吸""呼"之感，两足掌趾亦有松展与抓收，整个动作要协调合拍。

此式能开胸顺气，提神强心，利水添精（津），有强健体魄之功。

如此连做18次，虽然看式不动，但随着每回吸、呼次数的增加，行气得力地着意推山，有愈撑愈远之感。并非臂掌崩力挺劲，所生劲道来自自然。

动作完成，收回两手臂（怎么出，怎么收）——小臂折曲，垂肘，转掌自然贴胸。稍静，两手臂放松垂落于身体两侧。

3. 托天

起两臂掌向上慢慢推起，掌心向天，掌指向后，全身放松。（图托天 1~3）

练习仍采用均匀缓慢的腹式呼吸，即由鼻缓缓吸气入腹沉丹田，之后稍闭气，当慢慢呼气时，收缩下腹，丹田引向命门。此时，头上顶，双掌引臂向上托天（天盘引升），着意引长身躯，头微扬，两眼自然上

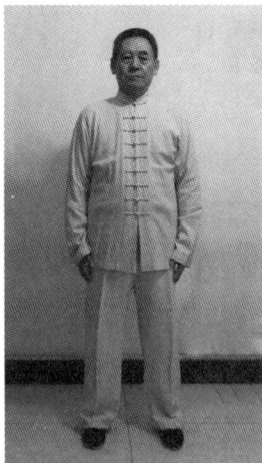 

托天 1　　　　　　　托天 2

托天 3　　　　　　　托天 3 侧面

视，双掌着意触天。

仿效前式的做功要领，接连行之，使托天的力度次次递增。

但须重视的是以下几点：

在两掌推撑托天时，两眼要自然上视，在到达"意点"稍息时，两眼应平视，后面的推撑延伸"原点"，也应如此，反复做来。

行功中之吸、呼与两掌劳宫穴之"吸""呼"要自然合拍。

托天推撑时，两腿会自然挺直，而有收膝展腘之形，手、足亦会自然着力，在静息体松时，身形虽似未动，但手臂与腿足已然放松。

本式共做 18 次，次次加意两掌推擎，引长身躯，天盘升，双掌有触抵九天之感。虽然看式不动，但已托擎得满掌指气力充足，所谓引长身躯为的是松活脊椎各节，要加意做来。此为洗髓之功，千万不可开肩直臂，拙引伤气。

这个动作有舒顺肝脾、清理肠胃之功。

做完 18 次后，静心松体，缓缓落下两臂掌，垂肘收掌（劳宫穴含气引收）到胸前时再落下小臂，两掌收于身体两侧。

此时可以神聚小腹，培养轻缓细慢的丹田呼吸。片刻后收功还于自然。

凡身健能行者，无论老少都可锻炼。每式练习的次数，初时增减随人，但随着行功时日的增加，练习每式的次数应为9的倍数。

以上为单式练习，连续练习要三式自然连接，中间的落臂可不做，起式、收式前后协调做来。

特点

（1）劲道含蓄，松、紧力度沉稳，阴阳得法。

（2）呼吸舒顺，长久练习会忘掉呼吸，而"丹田呼吸"亦可自然生成。

（3）不但能提高内脏器官的能力，还可提高肌肉、筋腱、血管、神经等组织的功能。又能定骨架、长身高（尤其是青少年长身体之时），所以说能开筋炼膜，走脊贯顶，且有洗髓还虚之功。

（4）以现代科学观之，本功组式巧妙，成三维空间之状态：x 轴——前后（穿云）、y 轴——左右（推山）、z 轴——上下（托天），整套动作变化自然、衔接得体。

书写不敏处，须传师身教口授或熟读这套功法。只要寄意做功，定能形起神聚，由悠匀细慢之"呼吸法"来指导，一定时日后，即能体验此项运动的微妙。

太极圈功

太极圈功前四式

1．护丹初起

面向南方，开足如肩宽站立，两腿屈膝，两手交叠捧丹（小腹），右手在外，两手虎口交叉，右手拇指头节抵压神阙穴（肚脐），左手拇指顺直轻压右手合谷穴。两臂圈在身前，两肘外射，肩放松。眼平视。呼吸自然调匀。（图护丹初起1~2）

要点及作用

两手劳宫穴透对丹田，以阳养阴，热气抚丹，静养之。

此为初亦为桩，然太极圈功由此而起，切记。

无极而太极，开足之动隐现不述，学者谨记。

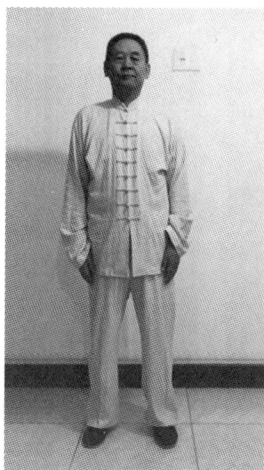

护丹初起1　　　　　护丹初起2

2. 仙人飞渡

两腿站立步不变，腿自然伸直，两手臂垂落于身体两侧，以意带形，直起右臂，以右肩为轴转臂，向身前左前方起弧，朝上行掌，五指自然分开，着意前伸引臂。在掌指前伸上空时，尤以右手食指、中指引力行气向天，掌心先内后外旋弧，朝身后正北方落下。臂掌升空后，右手劳宫穴内含，五指自然分开，升空有分云见日之意，气力贯掌指。（图仙人飞渡 1~4，仙人飞渡 4 背面）

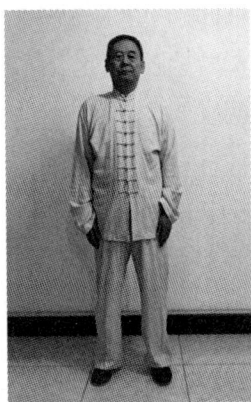 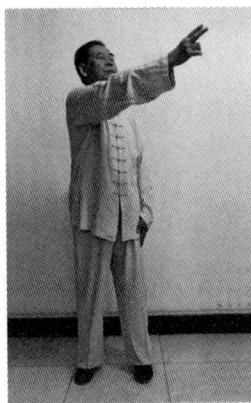

仙人飞渡 1　　　　　　仙人飞渡 2

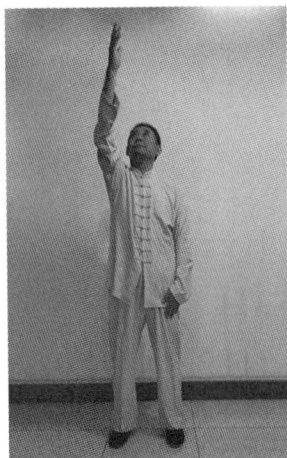 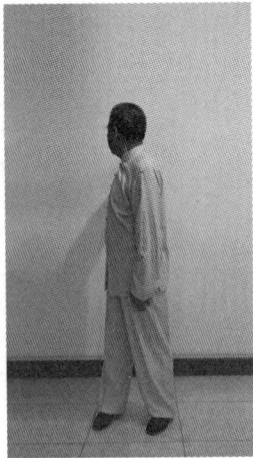 

仙人飞渡 3　　　　　　仙人飞渡 4　　　　　仙人飞渡 4 背面

摇臂旋掌动作匀速做来，并自然转动身体，保持两腿原地不动，待手臂落下归于身侧时，成正身向南。

接着，复做二度、三度。再接着做左臂掌直起直落三度。要领一致，不再复述。

要点及作用

直臂拉伸不可弯曲，揉肩而转，加意手臂伸长，手臂筋骨牵带胸肋筋脉，活转身脊腰胯，气蓄丹田，气机通畅、力道隐含。眼神随手臂摇转。

3．流星赶月

脚步不动，右手臂直伸并转动，使掌心朝外探向北方，此时，右转腰身开右肩捯右臂，由身后向身前、下向上升，反臂行掌，到身前时再转手臂并自然落下，停收在身体右侧，此时，腰身已然回转如初。（图流星赶月1~3）

接做二度、三度。

再按前法行左臂掌三度，要领一致，不再复述。

流星赶月 1

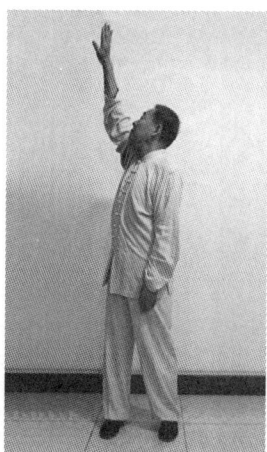
流星赶月 2

流星赶月 3

要点及作用

捌肩紧背，前有开胸顺气，后可通夹脊、膏肓，要以肩送臂，后背展，并着意落臂，缩肩沉肘，含胸快降。眼神追之。鼻孔喷气，丹田吸。手臂归位而神定。

前两式都是直臂摇转，除起、落方向相反外，两着劲势及落速快慢不一样。

4．白鹤展翅

脚步不动，正身朝前，两臂圈起似头高，手心劳宫穴相对吸，掌指自然分开成捧抱状，各指相对，虎口圆。（图白鹤展翅1、2）

然后，开胸展臂，手臂分两侧翔落，稍低两肩，三节向身后活摆，开肩畅胸紧背脊，两臂向身后伸展，两手腕内侧随动吐力凸出，两掌尽量往身后，掌心含空。同时，上身似有弹劲前迎，意不断、式不停，两臂三节再前揉圈抱，两臂掌如鹤翅扇翔。（图白鹤展翅3）如此开合臂膀手腕三次。然后，手臂松落于身体两侧。

稍息，再按前法复操二度、三度，最后，身正如初。

白鹤展翅 1　　　　白鹤展翅 2　　　　白鹤展翅 3

要点及作用

开始起手臂圈要高架，后面两臂翔落、展伸、弹抱之圈，高度在身胸间，并着意身前、身后两臂掌圈圆。

臂掌弹韧劲力含蓄，加意两掌指之弹放拢收，做好两肩头及手臂适时、适度放松，使内力生、内气行，眼平视，神情怡然。做振膀扇翅时，上身自然有反向倾仰之配合，以利于身体平衡。

5．夕霞映天

站立同前，然后，蹲身两臂在下十字交叉，两小臂贴扶，接着，起身举臂过头顶，翻托两掌向天，两臂掌分开掌心向外，由空中缓缓落下，及至两臂掌近身下时复又蹲身，继续做交臂、起臂、翻落之动。前后三度。（图夕霞映天 1~4）

要点及作用

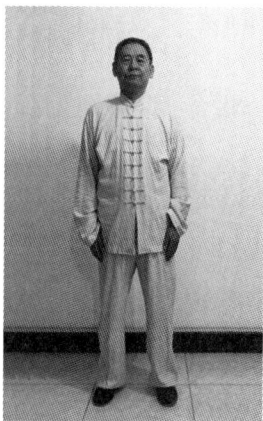

夕霞映天 1

蹲身按年龄承受能力，可全蹲、半蹲、微蹲，蹲下时，身体要放松，起身宜缓，翻臂开胸，臂掌向上托举要拉展身体，两掌心含抱。眼神相随。

夕霞映天 2

夕霞映天 3

夕霞映天 4

6．九龙旋柱

站立同前，两掌在小腹前似捧腹状，两腿微弯，然后，两臂同时内旋使两掌背相对，但不接触，自然留空。（图九龙旋柱1~3）

随后，两臂掌向两腿间地下插去，与此同时，身体也相随向下成蹲马式。（图九龙旋柱4）

略停，两臂掌在两腿外围划动，再分开到身外，并自然向后，与此同时，身体逐渐直立，到位时，两臂掌在身后，直臂，两掌心相对，两掌虚合不接触（图九龙旋柱5~8）。图九龙旋柱7为后视。

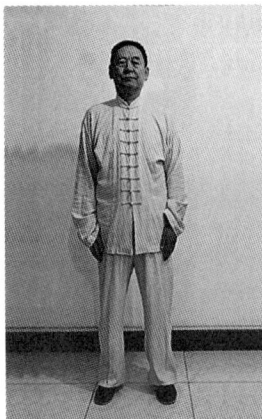

九龙旋柱 1

九龙旋柱 2

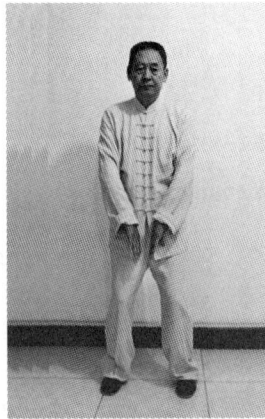

九龙旋柱 3

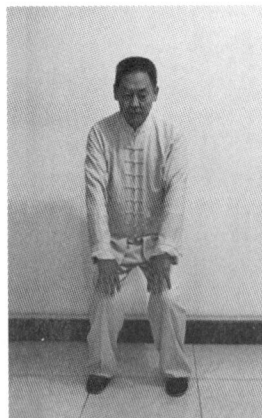

九龙旋柱 4

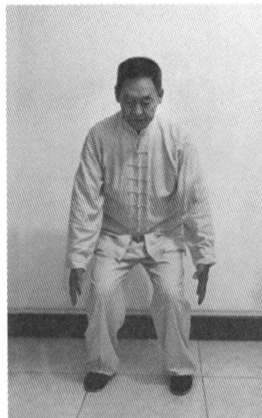

九龙旋柱 5

九龙旋柱 6

此为一次，再接做时，两臂掌自然放松，使两掌如前在小腹前似捧腹状，下面动作及要领同前。前后做三次，凡停收均呈两掌在小腹前似捧腹状。

略停，两臂掌在身前向上，运掌折臂掌心向内经腹过胸，随后掌立指朝上，两掌心对耳上行，成举臂分掌式。此时，眼神自然随形。接着，两臂掌在头上空分开，并直臂摇转，右顺左逆空中旋圈，前后做三次，两臂伸直先在头前旋转三圈，再在头顶旋转三圈，最后，在头顶偏后方旋转三圈。（图九龙旋柱9~14）

然后，两臂掌左右分开自然下落捧抱小腹而收。两组小动为一套，

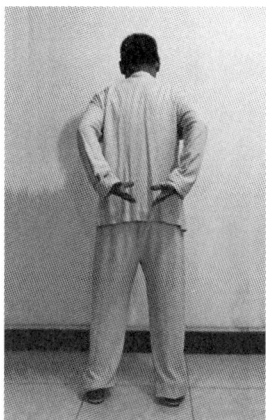

九龙旋柱 7

九龙旋柱 8

九龙旋柱 9

九龙旋柱 10

九龙旋柱 11

九龙旋柱 12

 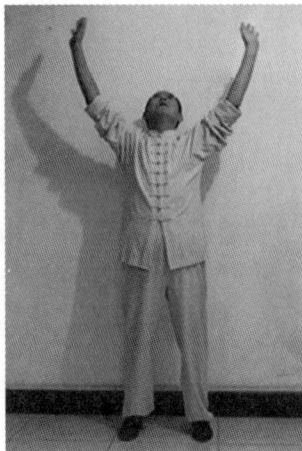 

九龙旋柱 13　　　　　　九龙旋柱 14　　　　　　九龙旋柱 15

可重复两次或三次。（图九龙旋柱 15）

要点及作用

蹲身垂臂要两肩先放松，两掌圈旋运及劳宫穴内气，两掌前后以劳宫穴相对虚合，不触为要。划摆均要直臂做来，自然着力，起身随式自然。

身体放松，调整各部，眼神自然随式，做后气顺神清。

7. 三盘净心

站立同前，两臂侧平举，同时向后、往下、再向前回环，共做 3 次。然后，松肩落臂，两腿屈膝半蹲，两掌心向地左逆右顺画圈 3 次。之后两掌捧小腹，稍停。两臂掌同时内旋，虎口贴腹，与此同时，两腿夹靠，两膝相抵。接着，两臂松垂，两掌顺两腿中缝下插近膝。上身弓背微前俯，身心放松眼下视，静停。（图三盘静心 1~7）

要点及作用

凡两臂掌旋动肩一定要放松，画圈要圆、要缓慢，两向圈圆自然衔接，两掌从捧腹到松垂要自然得体。静停调息 3 遍。最后，起身松两臂，掌收于身体两侧。

三盘净心 1

三盘净心 2

三盘净心 3

三盘净心 4

三盘净心 5

三盘净心 6

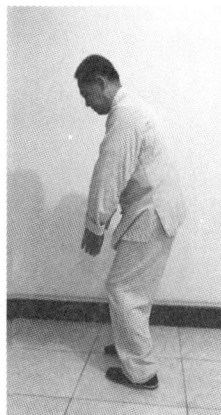

三盘净心 7

8．颐神合收

身体放松，两手相交如护丹初起，稍停。着意旋动两膝，微微顺时针旋动，身体缓缓下蹲，稍停。两膝微微逆时针旋动，身体缓缓起身直立，此时，两掌分开，自然松落，收于两腿外侧，两眼平视。（图颐神合收 1~4）

要点及作用

旋膝动作微、缓，柔韧含蓄，上下均做 3 旋圈，神清气爽，阴阳和合而收。

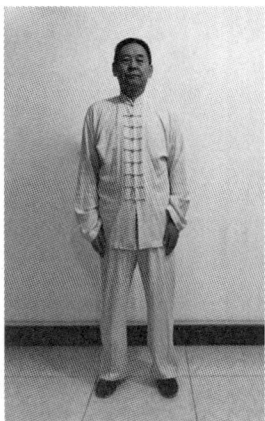

颐神合收 1

颐神合收 2

颐神合收 3

颐神合收 4

六段锦

坐式六段锦

六段锦适于中、老年人及工作紧张与常坐办公室的人，练习者坐在标准木椅子上。

标准木椅

歌　诀

仰身探空惊膏肓，分脚划蹬涌泉漾，

张目耸肩通天梯，不倒翁功海底晃。

龟鹤双演行阴阳，开胸摩肋中腹畅，

身心纯真日三勤，神安体健技宏光。

1. 仰身探空

直脊松身，上身距椅背留有一拳空间。（图仰身探空 1，仰身探空 1 侧面）

两手向上自然伸展，掌心空含斜朝上，头微后仰，面自然朝上，开胸顺气，两眼随视，自然吸气，随后，身脊抵靠椅背上缘向后靠，并自然呼气。

接着，两眼瞄视两掌，两掌在上尽量正反拧晃做左右摇旋 3~5 次。（图仰身探空 2~4）

两掌停旋，接做上体靠椅背后震前弹，两臂掌务必放松，自然荡摆不可助力，椅背所触脊背之位，相当于足太阳经膏肓穴附近。一吸一呼自然做来，正身举臂为吸气，身脊向后抵靠椅背为呼气，可由口吐出，而震后回弹即正身时又吸气。切记，后背对椅背的抵靠与回弹要似离非离！（图仰身探空 5~6）

身体轻松，手腕一定要柔活，看图形似乎是两臂摆动，其实是胸腹舒展与腰脊弓摇所为。两臂上举可使手三阴、手三阳经脉畅通、精神提起，身前、身后阴阳经脉畅通，所谓阳化气，阴成形也。椅背触脊阳气升，提高人体活力，且有预防疾病的作用。身前展开，身之五脏六腑得以活动，梳理三焦。行功以 9 计数，连做两回，做完，手放下，头面正视如常。凡不叙述者自然做来，熟能生巧。

仰身探空 1   仰身探空 1 侧面   仰身探空 2

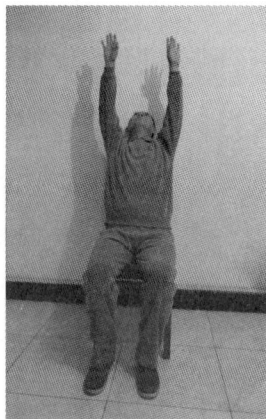

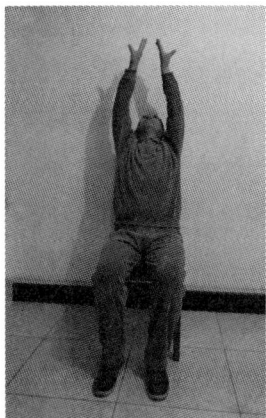  

仰身探空 3　　　　　　　仰身探空 4　　　　　　仰身探空 5 正面

 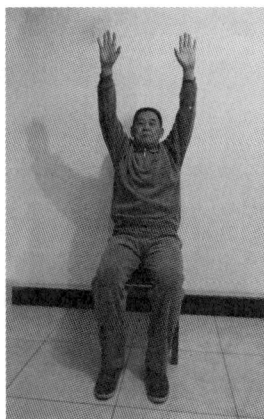 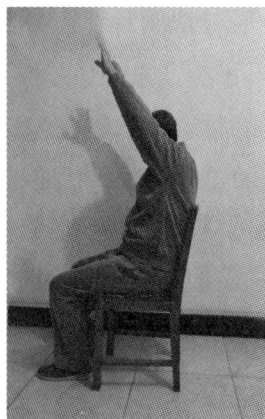

仰身探空 5 侧面　　　　　仰身探空 6 正面　　　　　仰身探空 6 侧面

手三阴经脉：手太阴肺经、手少阴心经、手厥阴心包经。

手三阳经脉：手阳明大肠经、手太阳小肠经、手少阳三焦经。

膏肓穴，人背部第四、五胸椎间旁开 3 寸处，属足太阳膀胱经。与督脉一样主一身阳气，医家多在背部施行摩背、刮痧、捏脊、拔罐等保健养生之术。

"病入膏肓"这个成语出自《左传》，古以膏为心尖脂肪，肓为心脏与膈膜之间，膏肓之间是药力不到之处。

2. 分脚划蹭

直脊松身，上身近椅背，但不靠椅，自然平坐，两臂掌自然放在大腿面上，不念及呼吸。

然后，两脚先左后右，在座椅下面以脚掌滑动，自然着力，有脚掌后蹭之势。足心含空，足跟上起，前脚掌着地，足趾抵压，特别是两膝松活，小腿腿肚会触碰座椅横掌，起到适当按摩膀胱经承山穴的作用，压按它可祛除人体湿寒，且利肾引水，促进血脉循环利心肺。

随后，后滑脚自然向前擦地蹭出，并带小腿前伸，同时，另一只脚自然而然地做上述后蹭与前蹭的动作。（图分脚划蹭 1~2）

两脚轻快交替移滑，心情愉悦，动幅宜展，频率 2 次／秒（左右脚各 1 次）。刚开始以 9 计数，左右脚连续做完，最后，两腿恢复常态，静心而收。

慢慢适应了，要左右脚划收与擦蹭连续做足 108 次，练者默数。虽然为两脚活动，但是头脑也相应得到了锻炼，可有效地调整人的平衡与协调能力。同时，身心素质和体质也会提高。此动有"水路通""气路通""血路通"之实效。

分脚划蹭 1   分脚划蹭 2

3. 张目耸肩

坐势同前，两手松垂于身侧，静息一会儿，着意将两肩上耸，自然带起松垂之两臂，有夹颈部之势，非为缩顶藏头。随后，松肩撂膀，此动自由垂落，同时张目。跟着，又起肩上耸。往复做 9 的倍数次。（图张目耸肩 1~3）

然后，两手轻放在大腿上，做两肩向前揉，假设身前有一点，与两肩成三角形，两肩头均向前方之点聚集。以 9 的倍数计之。（图张目耸肩 4）

稍停，做两肩向后揉，亦假设身后有一点与两肩成三角形，两肩头均向后方之点聚集。以 9 的倍数计之。（图张目耸肩 5）

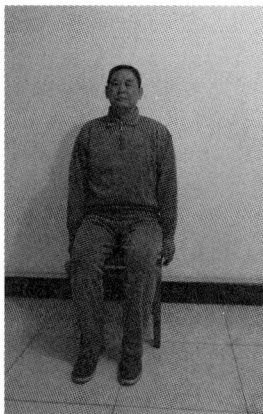

张目耸肩 1

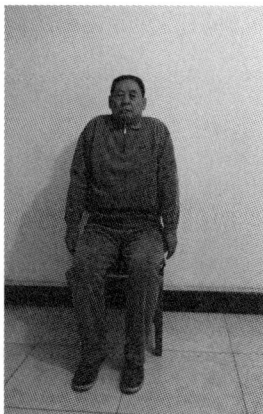

张目耸肩 2

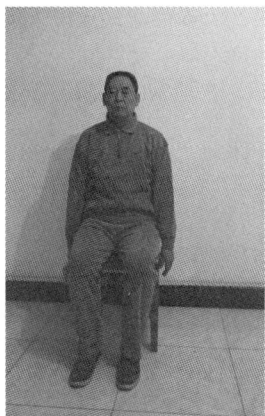

张目耸肩 3

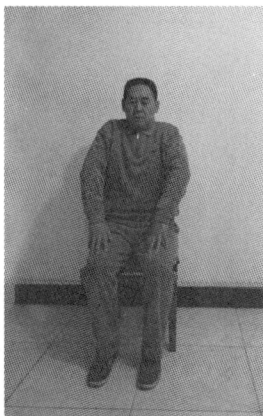

张目耸肩 4

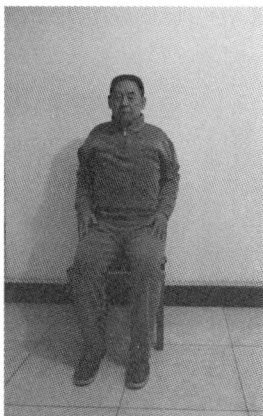

张目耸肩 5

这样，自然松活颈部周围肌筋，大椎、肩井等穴开活，有利于周天经脉通顺，可以让胆经的清阳之气如泉水一般涌出来，然后将瘀滞的气血荡涤开来，令全身的疏泄顺畅平缓，头脑清醒。同时，拉动胸肋而提高肺脏的功能，有很好的预防感冒的作用。而在做此动作时，张目似瞪，且有眼珠寻转之灵动，舌会自然配合两眼，舌尖抵滑上牙龈及上腭处，口中津液自然分泌，润泽身体。最后，松体自然而收。

4. 不倒翁功

直脊松身，不要靠椅，两臂放松，两手轻放大腿上，先逆时针后顺时针，摇转上身。以 9 计数，交替练习。臀部一侧自然掀起，但不可离开座椅面，这样，揉肠荡腹，不但活动了胸腹内脏腑，而且又按摩了腰脊髋胯，通气、消食、安心、养神，诸利益身。（图不倒翁功 1~7）

顺、逆时针转摇共 6×9=54 次，做时不可摇头晃脑，应精神放松，呼吸自然，静心收身如常。以上动作随时做来，次数合理调整，心

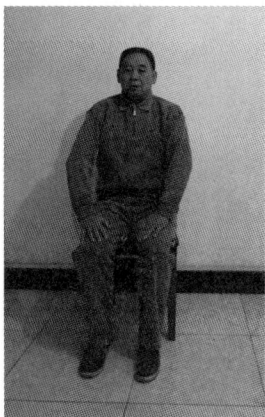

不倒翁功 1

不倒翁功 2

不倒翁功 3

不倒翁功 4

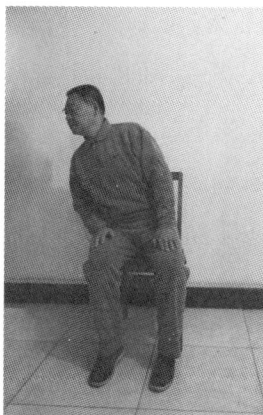
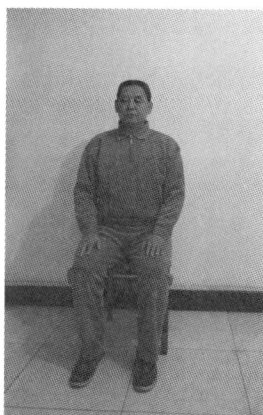

不倒翁功 5　　　　　　不倒翁功 6　　　　　　不倒翁功 7

情愉快。

　　所谓海底穴，应该指会阴穴后的精道穴，为道家九大修为秘穴之一，多称此穴为"关玄"，又称太玄、下玄关。"海底一穴通，周身百穴通。"

5. 龟鹤双演

　　正身端坐，调匀呼吸。随后，先吸足一口气，再缓缓俯身吐出一口气。接着，下颏向前行弧使之抬头。（见图龟鹤双演 1~2）

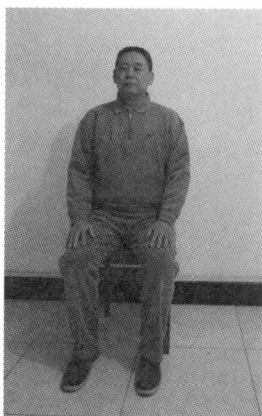
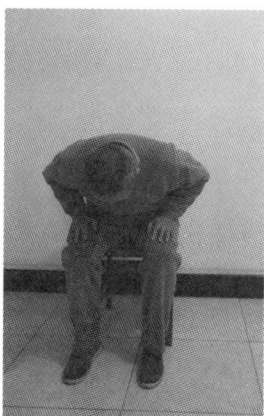

龟鹤双演 1　　　　　　龟鹤双演 2　　　　　　龟鹤双演 2 侧面

随后起身正坐，两眼视天，起身之同时，卷舌滑腭，形有挺胸与腰脊前弓、臀后坐翘尾之势，有卷尾向脑后接触之意，此过程纳足清气并静定一会儿。

看图龟鹤双演3，先要向前顶头开始，慢慢起身向上，头亦向后顶，两眼上视并带圈卷舌头，做此动作应该吸足一口气。（图龟鹤双演4~5）

接下来松腰腹、松颈收下颏，然后，慢慢拱背缩身向内卷尾收肛，体向前俯成阔背，后弓身脊，当下赤龙收，舌尖抵舌根并排出浊气，两臂放松，两肘前扇，洁身静息，两眼视足。（图龟鹤双演6）

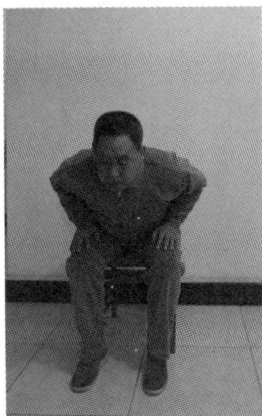

龟鹤双演 3

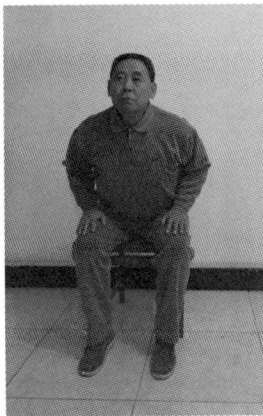

龟鹤双演 4

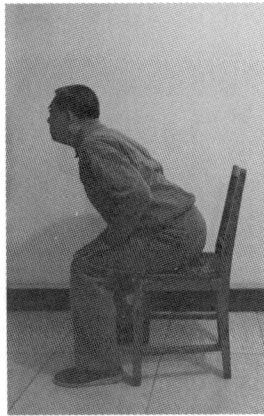

龟鹤双演 4 侧面

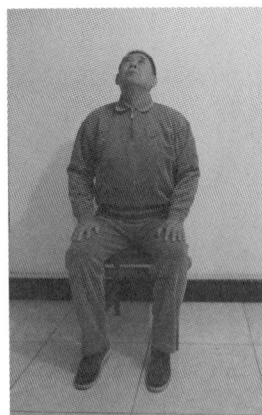

龟鹤双演 5

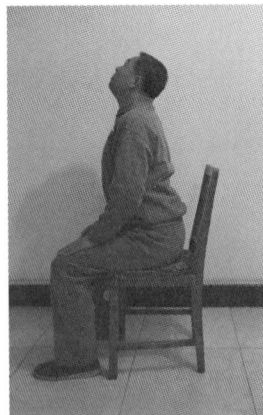

龟鹤双演 5 侧面

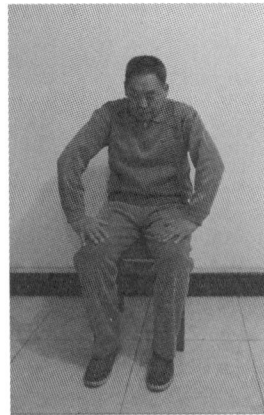

龟鹤双演 6

稍后，慢慢正身，自然松尾下垂恢复常态，后面再按前法连续做 6 遍。

如果要加功，不用俯身，只要正身卷尾与松尾，前、后弓脊适当，做数遍，再加意行运数遍，静息收功。

6. 开胸摩肋

松身，两掌在下腹前收，中指相对，由下向上沿胸中线行运，使两掌平扣在胸上部，两手中指点压膻中穴。（图开胸摩肋 1~3）

接着，两掌向胸肋并以掌根压抵足太阴脾经之大包穴，然后，顺经摩肋，向下压推，待推到软肋处时，两掌稍用力夹推腹部到神阙处，略停，两掌中指相对压腹，然后，放松两臂掌，再重复以上要领做数遍。

做时呼吸随式自然而为。（图开胸摩肋 4~8）

以上的动作要连续做 6 遍，然后，再接做下面的合掌动作。

接做两掌推腹到神阙前，中指紧抵，向裆前下方速合掌抵腕，随后内旋双掌，使之由小腹前立起，再以大指掌骨贴腹胸中线上行到膻中处。（图开胸摩肋 9~12）

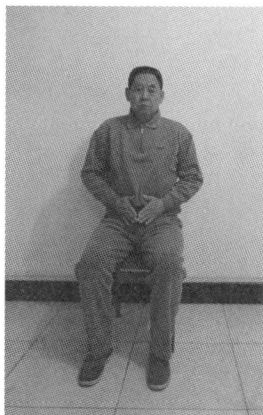
开胸摩肋 1

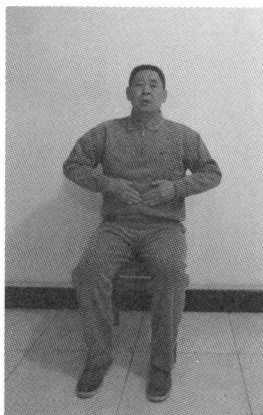
开胸摩肋 2

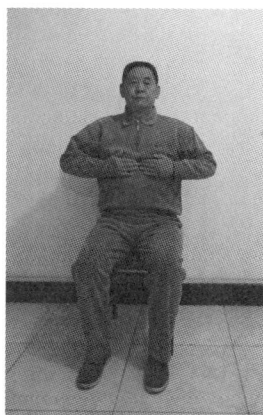
开胸摩肋 3

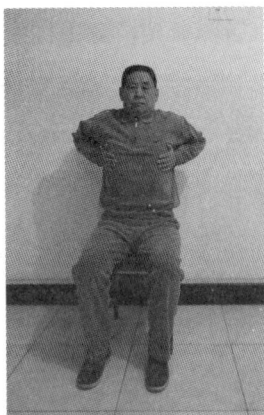

开胸摩肋 4

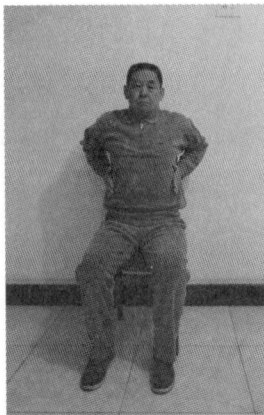

开胸摩肋 5

开胸摩肋 6

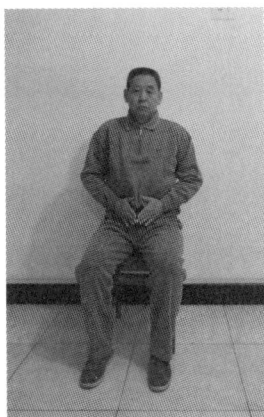

开胸摩肋 7

开胸摩肋 8

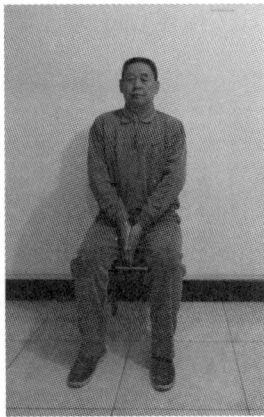

开胸摩肋 9

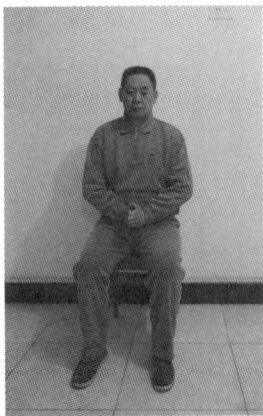

开胸摩肋 10

开胸摩肋 11

开胸摩肋 12

然后分开双掌，滑到大包穴处，用掌根及鱼际压抵并向下压推。练法同前，做数遍。（图开胸摩肋 13~17）

最后，两臂松，两掌轻落在大腿面上。（图开胸摩肋 18）

六式练完，闭目养神片刻。细微之处慢慢体会，自有妙处。

一天上、下午安排练习，可做两三遍。

还可加做两手推摩头面——"飞、擦、抹、滑、闭"诸法。

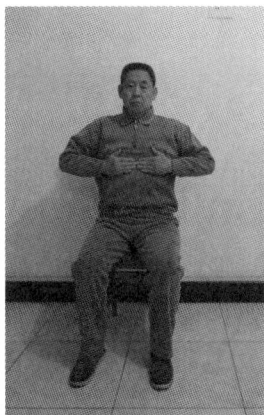

开胸摩肋 13

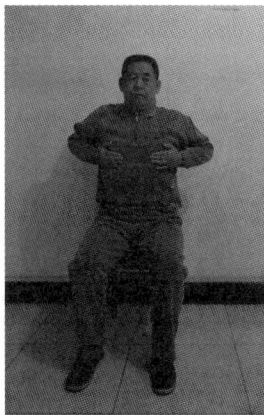

开胸摩肋 14

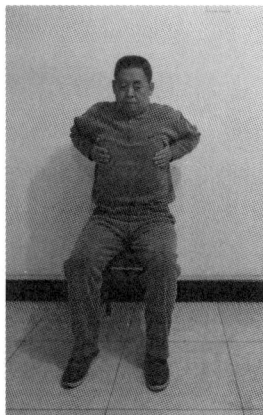

开胸摩肋 15

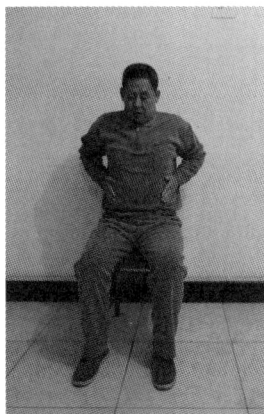

开胸摩肋 16

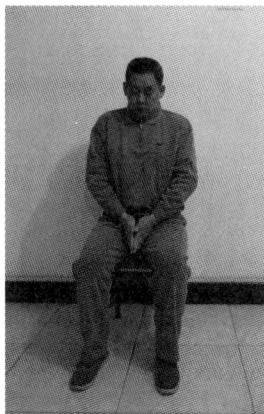

开胸摩肋 17

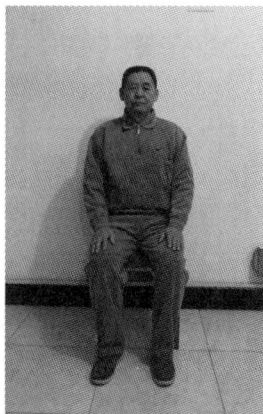

开胸摩肋 18

头面按推六法

啄、飞、擦、抹、滑、闭

啄

两手抓拢，指头成梅花点，两手同时对头顶部啄点，不紧不慢，啄下稍有停压，虽然看似点按头顶，但是其指力已经透达脑九宫，此动有提神醒脑、明目的作用。

飞

两手食指折曲成钩（拳学称为"麦穗拳"），起至眉骨处。左手食指中节先抵右眉内侧，往左压刮，滑过印堂穴，稍停，右手按前法从左眉内侧刮过印堂穴，这时，两手食指中节均停在眉骨内侧，接着，两手同时自然着力刮过眉骨到太阳穴处。再以食指后节与中节折曲之顶点稍加用力压抵太阳穴，随后，捻转此穴并向外上挑出。后面要重复前面的要领，连续做 36 次，两食指拐角捻转太阳穴，口可念"飞"字，可令头脑清醒、去头之风邪、开目增光。

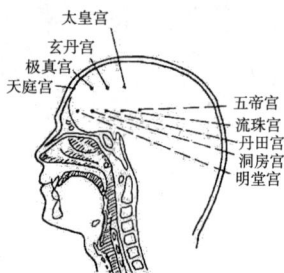

九宫图

九宫之名位：两眉间直上却入 1 寸为明堂宫，却入 2 寸为洞房宫，却入 3 寸为丹田宫，却入 4 寸为流珠宫，却入 5 寸为玉帝宫，明堂上 1 寸为天庭宫，洞房上 1 寸为极真宫，丹田上 1 寸为玄丹宫，流珠上 1 寸为太皇宫。

（此图解取自《袖珍针灸 按摩 气功图本》，湖南科学技术出版社）

记得当年师父教我练习此法，我很快就记住并熟练掌握了技巧。师父口喊"转"字两手出离太阳穴，阴掌变阳掌，即手掌翻动。我在旁边练得与师父相同，只稍慢一拍，但是，口喊"飞"字。三次下来师父笑了，说："你还真会玩儿！"并说，"喊'飞'也很好"。我说："那两个食指指节拐角压捻太阳穴是转出的，但是它飞升了，像是燕、雀一般扑向空中，自然舒畅啊！"师父说："就叫它'飞'吧，有灵性啊！"

擦

两手屈指，手心向上（拳学称为"五雷掌"）如托开放莲花一般，显两掌鱼际。做时头面向手指大鱼际处接抵，先右后左，以左右转颈摇头的形式擦摩眼部下面，来滋润颜面及眼下部位。此动明目润颜，使人不生眼角皱纹，对有皱纹者亦可以舒展去除之。做 36 次。

抹

掌心对面部，手指立起如仙鹤展翅，主以中间三指行功，即食指、中指、无名指，手指贴面，无名指近鼻翼，随后，两手指向脸外双分平抹并抹扫过耳，再压抹耳背返回，有提神美颜之功，还可除耳鸣，使金（肺）、水（肾）得以滋养。往复 36 次。

滑

两手龙爪抓昆仑（头），从前额处向脑后滑压，然后，五指拉回到前额，再滑压至后脑。到了脑后手指伸开，手心向下，以小指及掌骨外侧触抵后脑风池穴，接着滑过此处，手指曲收并推到耳后，再继续下滑并适度着力，以手指背向颈部两侧适力压滑，然后，双手指离开颈部下缘，稍停，再重复做数遍后静收。

闭

用两手食指指尖插入耳道，封严不漏，拇指肚轻抵耳背下耳根凹处，自然合目不视、不听，调匀呼吸 2~3 分钟，手指拉出放下，有养肾养神的作用。

此六法配功或单独行之均可，长久练习，身心自然康健而延年益寿。

后 记

以《道宗九宫八卦拳》为书名，此乃一凡举，并不是笔者标新立异，而是当今云"八卦拳""九宫拳"者甚多，又考虑所传承者为道宗拳脉，是一家之学，故而弄拙。

本书较清晰地记录和阐述了个人学技练功的方法，提供给大家参阅。

章节所列，有论有术，导申兼顾。内功拳者按规矩应先阅读"学拳识易"篇，而练形之先定要开筋骨、通气脉，桩功引路，进而单功操练。

书内有"种瓜点豆"一术，初见，以为是童子蒙学，但是，练熟之后可以体悟移转中的旋跃之技，若是灵机一变，就是跳五宫之跳纵法——纵坑之旱地拔葱也。

如是，"虚领击空"之密，须练家思变出穿宫换卦的身心技法。

早年间，师教徒有身授、口授、心授、神授。尤其是单操，不会加功持法怎得功夫？所谓功夫者，乃力量、速度、技巧、回合也。

本学套路不多，且套路皆短，那么学习的方法就很重要了，必先练桩功及单式操练，精熟后再连组成套。

记得当年学练"八卦绵掌"——小绵掌，半个多月已然熟记，师父让我连打两遍，他看后高兴地说："就这样练吧！"又过了一个月，师父又让我连打两遍，等第二遍刚打五、六式，他马上就连喊："停、停！"并说怎么第二遍和第一遍都一样哪！没有自己的功夫上身！当时有点懵，后来师父讲了阴阳生变的道理，我才明白，拳谱上有啊！"懂阴阳生成，得乾坤拳技。"

就是这十六式的小绵掌，变化太多了，它拳法非常丰富。当然，要举一反三。其他套路如"九宫十八手"，也如此应用。

练者一定要循序渐进，不可图快。依照图书，有的单功可以根据个人的体性选择学习，但是，大部分内容需要有师父指导，并且还要清楚九宫八卦拳学的内涵，逐渐掌握轴身、弓脊、盘缠、旋翻、摇抖、移踏、窜纵、挪闪等技法。

两大拳势，何为？乃青龙探爪、二龙盘飞也。拳者为形，势者为谋，乾坤具备方为形势大好。青龙探爪的溜掌起手，只有反复操练九九之数，才能出技得法，所谓"气、形、神一体"也。

本书有文有图，学者可以参图照练，但图文仍有欠缺处，此是笔者有意留出一定空间，意在供大家研究习练。

器械练习首推刀技，然后操枪杆，再后精练剑道，这个过程习武之人都清楚。关于新法，乾坤棒技、空星刺谱等是近年推出的，它们均以老拳谱为基础，拓展成养生健身技法。

我少年喜武，习家传武功，又得"涿州刘"形意拳之传授，旁摩杨禄禅太极拳，虽未正式拜师，但有我师（伯父）精心指教，同时又研习多年。当年（20世纪50年代）我师与摔跤名家宝善林（宝三）有交往，我均呼二老为伯父，他们甚是喜欢。我见识了跤技，学了一手半手，并与武技融通。

我年七十有五，当投精力于武技养生，所以除把道宗传承的功夫整理好外，同时系统地整理书写了一些健身功法，如秘授卧功、太极圈功、六段锦等。

本人学识有限，且功夫粗浅，但仍尽心编辑而献著当今，一是神慰先师，二是授徒带学员，三是丰富武技，与同道一起健身，此乃老有所为一乐事也。

杨树藩于北京载凡堂

2016年9月29日

人文武术精品书系

北京科学技术出版社

武学名家典籍丛书

扫码购书
一键完成

杨澄甫武学辑注　　定价：178 元
杨澄甫 著　邵奇青　校注
《太极拳使用法》
《太极拳体用全书》

孙禄堂武学集注　　定价：288 元
孙禄堂 著　孙婉容　校注
《形意拳学》　　《八卦拳学》
《太极拳学》　　《八卦剑学》
《拳意述真》

陈微明武学辑注　　定价：218 元
陈微明 著　二水居士　校注
《太极拳术》　　《太极剑》
《太极答问》

薛颠武学辑注　　定价：358 元
薛 颠 著　王银辉　校注
《形意拳术讲义上编》
《形意拳术讲义下编》
《象形拳法真诠》
《灵空禅师点穴秘诀》

陈鑫陈氏太极拳图说（配光盘）
　　　　　　　　定价：358 元
陈 鑫 著
陈东山　陈晓龙　陈向武　校注

李存义武学辑注　　定价：268 元
李存义 著
阎伯群　李洪钟　校注
《岳氏意拳五行精义》
《岳氏意拳十二形精义》
《三十六剑谱》

董英杰太极拳释义　　定价：98 元
董英杰 著　杨志英　校注

刘殿琛形意拳术抉微
　　　　　　　　定价：80 元
刘殿琛 著　王银辉　校注

李剑秋形意拳术　　定价：89 元
李剑秋 著　王银辉　校注

许禹生武学辑注　　定价：194 元
许禹生 著　唐才良　校注
《太极拳势图解》《陈氏太极拳第五
路并少林十二式》

张占魁形意武术教科书
　　　　　定价：98 元
张占魁　著
王银辉　吴占良　校注

王宗岳太极拳论　定价：50 元
李亦畬　著　二水居士　校注

太极功源流支派论　定价：68 元
宋书铭　著　二水居士　校注

太极法说　　　定价：65 元
二水居士　校注

手战之道　　　　定价：65 元
赵　晔　沈一贯　唐顺之
何良臣　戚继光　黄百家
黄宗羲　著
王小兵　校注

张策传杨班侯太极拳 108 式
（配光盘）　定价：48 元
张　喆　著　韩宝顺　整理

河南心意六合拳
（配光盘）　　定价：79 元
李洳波　李建鹏　著

形意八卦拳　　定价：52 元
贾保寿　著　武大伟　整理

王映海传戴氏心意拳精要
（配光盘）　定价：198 元
王映海　口述　王喜成　主编

张鸿庆传形意拳练用法释秘
定价：69 元
邵义会　著

华岳心意六合八法拳
定价：65 元
张长信　著

戴氏心意拳功理秘技
定价：68 元
王　毅　编著

传统吴氏太极拳入门诀要
（配光盘）　　定价：68 元
张全亮　著

拳疗百病——39 式杨氏养生太极拳
（配光盘）　　定价：96 元
戈金钢　戈美葳　著

吴式太极拳八法
（配光盘）　　定价：86 元
张全亮　马永兰　著

轻敲太极门——太极拳理法与势法
定价：108 元
万周迎　著

非视觉太极——太极拳劲意图解
定价：158 元
万周迎　著

尚济形意拳练法打法实践
定价：89 元
马保国　马晓阳　著

冯志强混元太极拳48式
定价：75 元
冯志强　编著
冯秀芳　冯秀茜　助编

刘晚苍传内家功夫与手抄老谱
定价：98 元
刘晚苍　刘光鼎　刘培俊　著

赵堡太极拳拳理拳法秘笈
定价：126 元
王海洲　著

功夫架——太极拳实用训练
定价：78 元
朱利尧　著

道宗九宫八卦拳
定价：89 元
杨树藩　著

民间武学藏本丛书
扫码购书
一键完成

守洞尘技
定价：108 元
崔虎刚　校注

通背拳
定价：66 元
崔虎刚　校注

心一拳术
定价：158 元
李泰慧　著　崔虎刚　校注

少林论郭氏八翻拳
定价：69 元
崔虎刚　校注

拳谱志三
定价：68 元
崔虎刚　点校

少林秘决
定价：160 元
崔虎刚　点校

拳法总论
定价：75 元
崔虎刚　点校

少林拳法总论
定价：79 元
崔虎刚　点校

母子拳　　　　　定价：65 元
崔虎刚　点校

六合拳谱　　　　　定价：72 元
崔虎刚　点校

绘像罗汉短打　　　定价：98 元
崔虎刚　点校

拳道薪传丛书

扫码购书
一键完成

三爷刘晚苍
——刘晚苍武功传习录
　　　　　定价：54 元
刘源正　季培刚　编著

乐传太极与行功
　　　　　　定价：68 元
乐　匋　原著
钟海明　马若愚　编著

慰苍先生金仁霖太极传心录
　　　　　定价：82 元
金仁霖　著

中道皇皇
——梅墨生太极拳理念与心法
　　　　　定价：118 元
梅墨生　著

杨振基传太极拳内功心法
　　　　　定价：79 元
胡贯涛　著

卢式心意拳传习录
　　　　　定价：118 元
余江　编著

习练太极拳之见闻与体悟
　　　　　定价：78 元
陈惠良　著

廉让堂太极拳传谱精解
　　　　　定价：78 元
李志红等　编著